Stiften in Deutschland

Karsten Timmer

Stiften in Deutschland

Die Ergebnisse der StifterStudie

| **Verlag** Bertelsmann**Stiftung**

Bibliografische Information der Deutschen Bibliothek

Die Deutsche Bibliothek verzeichnet diese Publikation in der Deutschen Nationalbibliografie; detaillierte bibliografische Daten sind im Internet unter http://dnb.ddb.de abrufbar.

Verantwortlich: Karsten Timmer
Lektorat: Michael Kühlen
Herstellung: Christiane Raffel
Umschlaggestaltung: Nadine Humann
Umschlagabbildung: Thomas Kunsch, Bielefeld
Gesamtherstellung: Hans Kock Buch- und Offsetdruck GmbH, Bielefeld
ISBN 3-89204-784-7

www.bertelsmann-stiftung.de/verlag

Inhalt

Vorwort

Im 20. Jahrhundert hat Deutschland die längste Friedensperiode seiner Geschichte erlebt. Parlamentarische Demokratie und soziale Marktwirtschaft eröffneten den Bundesbürgern nicht nur erhebliche politische Freiheiten, sondern auch große wirtschaftliche Chancen.

Mit dem Wohlstandswachstum in privater Hand geht ein Bedeutungswachstum bürgerschaftlichen Engagements einher. Ein halbes Jahrhundert nach der Einführung der sozialen Marktwirtschaft in Deutschland rückt die Diskussion um die Rolle und das Verhältnis von Staat, Wirtschaft und Bürgern wieder in den Vordergrund. Es wird immer deutlicher, dass der Staat die alleinige Verantwortung für alle Lebensbereiche weder übernehmen kann noch soll. Der Einsatz der Bürger für das Gemeinwohl, also die Stärkung der Bürgergesellschaft, ist vor diesem Hintergrund wichtiger denn je.

Stiftungen kommt in diesem Zusammenhang eine besondere Bedeutung zu. Aufgrund ihrer großen Unabhängigkeit sind sie besser als alle anderen Institutionen in der Lage, unbequeme Themen aufzugreifen, Risiken einzugehen und in Zukunftsaufgaben zu investieren. Für den einzelnen Stifter bietet eine Stiftung zu Lebzeiten eine Plattform, um sich aktiv zu engagieren. Mit ihr ist zugleich die Sicherheit verbunden, dass die Stiftung auch nach dem Tod des Stifters weiter in seinem Sinne wirken wird.

Stiftungen sind ein ideales Instrument, um den privaten Wohlstand in Deutschland für öffentliche Aufgaben zu erschließen. Nicht zuletzt angesichts der Erbschaftswelle, in deren Verlauf bis 2010 weit über eine Billion Euro an die nächste Generation vererbt werden wird, sprechen viele Anzeichen für ein weiteres Wachstum des Stiftungssektors. Neben diesen positiven ökonomischen Voraussetzungen mangelt es auch nicht an der prinzipiellen Bereitschaft der Bundesbürger, sich für das Gemeinwohl zu engagieren, wie zuletzt die Spendenbereitschaft anlässlich der Flutkatastrophe in Südost-Asien zeigte.

Im Gegensatz zu der Spendenbereitschaft ist die Stiftungsbereitschaft in Deutschland wesentlich geringer ausgeprägt. Einen wichtigen Grund dafür benennt das Zentralinstitut für kirchliche Fragen: Einer Umfrage des Instituts zufolge ist nicht einmal jedem zweiten Deutschen die Möglichkeit bewusst, dass grundsätzlich jeder eine Stiftung gründen kann. Dieser Befund ist umso bedauerlicher, als dass für eine Stiftungsgründung keine Millionenbeträge erforderlich sind. Bürgerstiftungen und andere innovative Formen gemeinnütziger Aktivitäten ermöglichen es, bereits mit vergleichsweise bescheidenen Beträgen dauerhaft Gutes »anzustiften«.

Die zentrale Herausforderung für die weitere Verbreitung des Stiftungsgedankens besteht daher in der Aufgabe, mehr Transparenz über Stifter und Stiftungen zu schaffen. Die Verantwortung für diese Aufgabe liegt beim Stiftungssektor selbst. Stiftungen müssen stärker und professioneller an die Öffentlichkeit treten, um Aufmerksamkeit und Vertrauen zu gewinnen. Die Bevölkerung erfährt und weiß nur wenig über Stiftungen und ihre Aktivitäten. Noch weniger ist allerdings über die Stifter, die hinter den Stiftungen stehen, bekannt. Verlässliche Informationen und anschauliche Beispiele sind jedoch eine wichtige Voraussetzung, um mehr Menschen für den Gedanken zu werben, selbst Stifter zu werden.

Vor diesem Hintergrund hat die Bertelsmann Stiftung das Projekt StifterStudie gestartet. Die mit Methoden der quantitativen und qualitativen Sozialforschung durchgeführte Studie verfolgt mehrere Ziele: Einmal soll die Studie der Öffentlichkeit ein besseres Bild über die Motive und Ziele von Stiftern vermitteln. Zum anderen möchten wir mit diesen Informationen potenzielle Stifter ansprechen und für den Stiftungsgedanken gewinnen. Darüber hinaus sollen die Ergebnisse zur weiteren Professionalisierung des Stiftungssektors beitragen und es den Beratern von Stiftern ermöglichen, ihre Beratungs-, Service- und Informationsangebote weiter zu verbessern.

Die Studie war nur möglich dank der Auskunftsbereitschaft vieler Stifter, die uns einen Einblick in ihre Motive und Erfahrungen gegeben haben. Dazu zählen vor allem die über 600 Stifter, die an unserer Umfrage teilgenommen haben. Ohne ihre Unterstützung hätte diese Studie nicht entstehen können. Auch denjenigen Stiftern, die uns Zeit für ein Interview gewährt haben, sind wir zu besonderem Dank verpflichtet.

Unverzichtbar war darüber hinaus auch die Mitwirkung des Bundesverbandes Deutscher Stiftungen. Die Informationen aus der Datenbank deutscher Stiftungen bildeten die Grundlage unserer Stichprobe. Bei der Vorbereitung und Durchführung der Stifter-Umfrage sind wir vom Berliner Institut für Sozialforschung unterstützt worden; Frau Nina Fritsch vom Marketing Centrum Münster hat das Team der Bertelsmann Stiftung kompetent begleitet.

Mein besonderer Dank gilt schließlich Frau Prof. Dr. Rita Süssmuth, die die Schirmherrschaft der Studie übernommen hat.

Prof. Dr. Dr. h.c. mult. Heribert Meffert
Vorstandsvorsitzender der Bertelsmann Stiftung

Einleitung

Den typischen Stifter gibt es nicht

Den typischen Stifter gibt es nicht – dies ist das zentrale Ergebnis der StifterStudie. Reiche und weniger Vermögende, Prominente und Unbekannte, Junge und Alte, Frauen und Männer, Ost- und West-, Nord- und Süddeutsche – sie alle gründen Stiftungen. Die Studie zeigt auch, dass Stiftungen etwas höchst Individuelles sind. Das ist ein wesentlicher Teil ihres Reizes. Jede Stiftung ist so einzigartig wie ihr Stifter. Die Beweggründe, die Menschen dazu bringen, eine Stiftung zu gründen, sind so vielfältig wie die Stiftungszwecke.

Günter Grass etwa, der Literatur-Nobelpreisträger, sieht sich in der Tradition Lübecker hanseatischer Kaufleute: »Doch auch dem Künstler öffnet sich – so er zu einigem Vermögen gekommen ist – die Möglichkeit, als Bürger gesellschaftlich zu handeln.« In seiner Ansprache anlässlich der Gründung der Stiftung zugunsten des Roma-Volkes erklärte er weiter: »Von des Lesers Lust auf erzählte Geschichten seit Jahrzehnten begleitet, war es mir mehrmals möglich, gestützt auf den Erfolg des einen oder anderen Romans, einen Teil meines Vermögens den ohnehin begünstigten Erben zu entziehen, sie also vor Leichtsinn zu bewahren und mit einer nicht gerade spektakulären, aber doch handfesten Summe den Grundstein für eine Stiftung zu legen.«

Also stiftet der erfolgreiche Schriftsteller Grass den Alfred-Döblin-Preis, um junge deutschsprachige Autoren zu fördern, als gebürtiger

Danziger den Daniel-Chodowiecki-Preis zur Förderung der Arbeit polnischer Zeichner, Radierer und Lithographen und in seiner Rolle als engagierter Kämpfer für Minderheitenrechte den Otto-Pankok-Preis zur Förderung des seiner Ansicht nach besonders benachteiligten Volkes der Roma. Mit diesem Preis will Grass zusätzlich an seinen Düsseldorfer Kunstprofessor Otto Pankok erinnern, »der es verstand, mich und andere Schüler zu lehren, mit ihnen (den Roma) umzugehen und – fern aller romantischen Verklärung – die jeglicher Verfolgung trotzende Schönheit ihrer Existenz zu begreifen«.

Klaus Tschira hingegen, Mitgründer des weltweit erfolgreichen Software-Konzerns SAP, unterstützt mit der Klaus Tschira Stiftung »vor allem die angewandte Informatik, die Naturwissenschaften und die Mathematik«, weil wir uns, wie er etwas polemisch formuliert, in Deutschland »ohne eine gesunde Volkswirtschaft, die sich auf blühende Natur- und Ingenieurwissenschaften stützt, manches nicht nachhaltig leisten können, was vielen kulturbeflissenen Zeitgenossen als das einzig Wahre, Gute und Schöne gilt« (Stiftung & Sponsoring 4, 2001, S. 3).

Dem Stürmerstar der 90er Jahre, dem Welt- und Europameister und heutigem Bundestrainer Jürgen Klinsmann liegen hilfsbedürftige und Not leidende Kinder am Herzen, die er mit einer Stiftung unterstützt, die nicht seinen Namen tragen sollte, sondern Agapedia heißt, was »Liebe zu Kindern« bedeutet. Klinsmann ist bewusst ein paar Jahre lang nicht mit seiner Stiftung an die Öffentlichkeit gegangen, da er erst einige Projekte auf die Beine stellen und sichergehen wollte, dass diese funktionierten. Da trifft es sich gut, dass er jetzt als neuer Bundestrainer wieder im Rampenlicht steht. Die Sportikone formuliert sehr gut, was nach den Ergebnissen der StifterStudie viele deutsche Stifter bewegt:

»Wie viele andere Personen, die in der Öffentlichkeit stehen, wurde ich häufig um Spenden angefragt. Da ich aber weder Bezug zu den großen Organisationen hatte noch nachvollziehen konnte, wo und wie mein Geld verwendet wird, war ich dazu nie wirklich gerne bereit.« Aber: »Es lohnt sich in jedem Fall, eine Stiftung zu gründen, weil man damit viel bewegen, dem ganzen seinen eigenen Stil und eine spezielle Richtung geben kann. Und man kann genau nachvollziehen, wofür jeder einzelne Euro verwendet wird. Wir alle sollten versuchen, das Gute, das uns im Leben widerfahren ist, an andere weiterzugeben und unseren Beitrag am Bau funktionierender gesellschaftlicher Strukturen zu leisten.« (StifterMagazin, 1/2004, S. 4)

Bei den vielen nicht in der Öffentlichkeit stehenden Stiftern ist es nicht anders als bei den Prominenten: Die persönlichen Lebensumstände sind ebenso vielfältig wie die Gründe, eine Stiftung ins Leben zu rufen. Die Bandbreite der 22 Stifter, die für die Studie interviewt wurden, reicht von jungen Millionen-Erben, die eine sinnvolle Verwendung für das ihnen zugefallene Vermögen suchen, bis hin zu erfolgreichen Unternehmern, die sich nach dem Ausscheiden aus dem Berufsleben mit einer Stiftung ein neues Betätigungsfeld schaffen. Manchmal sind es Schicksalsschläge, die Menschen dazu bringen, eine kleine Stiftung zu gründen, die als Plattform für ihr Engagement dient. In anderen Fällen entstehen große Stiftungen, weil Unternehmer die Nachfolge ihres Lebenswerks sichern möchten. Kurzum: Den typischen deutschen Stifter gibt es nicht.

Die wichtigsten Ergebnisse in Kürze

Obwohl sich die Stifter und ihre Stiftungen im Einzelnen stark voneinander unterscheiden, hat die Studie eine Reihe von Trends und Gemeinsamkeiten an den Tag gebracht. Viele dieser Ergebnisse widersprechen dem herkömmlichen Bild eines Stifters.

Die meisten Stifter gründen ihre Stiftung zu Lebzeiten

Das auffälligste Ergebnis der Studie ist grundsätzlicher Natur: Die meisten Stifter gründen ihre Stiftung zu Lebzeiten. Hier hat sich in den letzten Jahren eine deutliche Trendwende vollzogen. Wurden Stiftungen über Jahrhunderte hinweg vorwiegend von Todes wegen gegründet, so der Fachausdruck, wollen Stifter heute bereits zu Lebzeiten Akzente setzen. Sie gründen ihre Stiftung deshalb frühzeitig, um ihr Engagement aktiv gestalten zu können. Ihren größten Fehler sahen viele Interviewpartner wie der Stifter A darin, nicht noch früher begonnen zu haben: »Was würde ich das nächste Mal anders machen? Ich würde früher anfangen!«

Lesen Sie weiter im Kapitel »Das Profil der deutschen Stifter«.

Viele Vermögende stiften – aber nicht alle Stifter sind vermögend

Traditionell waren Stiftungen eine Form gesellschaftlichen Engagements, die den wohlhabenden Schichten der Bevölkerung vorbehalten war. Die Ergebnisse der Studie belegen eine innere Demokratisierung des Stiftungswesens: Ein erheblicher Teil der Stifter ist zwar gut situiert, jedoch keineswegs vermögend. Dienstleistungsstrukturen wie z. B. Bürgerstiftungen ermöglichen es diesen Stiftern, auch mit mittleren Beträgen effektiv arbeiten zu können.

Mehr dazu finden Sie im Kapitel »Das Profil der deutschen Stifter«.

Stifter sperren sich der Typisierung

Die Ergebnisse der Studie bestätigen nicht die sozialwissenschaftliche Annahme, dass sich bestimmte Typen von Stiftern herausarbeiten lassen. Auch gibt es kaum Zusammenhänge zwischen sozialen Merkmalen (Alter, Geschlecht, Konfession, Beruf) der Stifter und den Zwecken und Zielen der Stiftungen. Jeder Stifter gründet tatsächlich eine maßgeschneiderte Stiftung, die genau seinen ganz individuellen Ansprüchen gerecht wird.

Stifter stiften mehr als »nur« Geld

Gerade diejenigen Stifter, die nicht über ein hohes Kapital verfügen, machen fehlende finanzielle Mittel oft durch hohes persönliches Engagement wett. Aber auch bei großen Stiftungen gilt: Die meisten Stifter sind keine distanzierten Mäzene, sondern gestalten ihre Stiftungen aktiv mit: sei es durch einen Sitz im Vorstand, durch die Mitarbeit in Projekten oder durch den Einsatz beim Fundraising. Sie setzen nicht nur ihr Geld, sondern auch ihre Zeit, ihre Erfahrungen, ihre Netzwerke und ihr Wissen für die Stiftung ein. Gerade Stiftungen mit geringem Vermögen ähneln oft »Ein-Mann-Vereinen«, die vom Engagement ihrer Gründer getrieben werden.

Mehr dazu lesen Sie im Kapitel »Die Rolle der Stifter in ihrer Stiftung«.

Der wichtigste Antrieb zur Gründung ist ein Thema, das den Stiftern am Herzen liegt

»Wenn es wehtut, hat man noch nicht das Richtige für sich gefunden«, so fasst Stifter B einen zentralen Befund der Studie zusammen: Für die bei weitem überwiegende Zahl der Stifter ist die Stiftung ein Mittel zum Zweck – sie wollen ein Problem bekämpfen, eine Institution erhalten oder ein soziales Anliegen verwirklichen. In jedem Fall steht das Thema fest; die Stiftung ist das Instrument, mit dem dieses Thema angegangen wird. Der umgekehrte Fall, in dem erst der Stiftungswunsch da ist und dann ein Zweck gesucht wird, kommt dagegen eher selten vor.

Einzelheiten finden Sie im Kapitel »Die Beweggründe von Stiftern«.

Die persönliche Zufriedenheit ist immens hoch

Fast ausnahmslos bestätigen die befragten Stifter, dass die Stiftung ihr Leben sehr bereichert hat: Aus dem Wissen, anderen zu helfen, gewinnen alle Befragten eine große persönliche Befriedigung. Die Freude an neuen Kontakten, neuen Impulsen und einer sinnvollen Tätigkeit ist groß – und vor allem sehr viel größer als das Vergnügen an der Befriedigung von Kosumwünschen. »Wir sind der Meinung, dass die Stiftung für uns persönlich und absolut das Beste ist, was wir mit dem, was da ist, tun können und dass es einem persönlich weit mehr bringt, als sich irgendwelche Yachten oder Rennpferde zuzulegen – ganz einfach für die persönliche Seelenhygiene«, so das Stifterpaar C.

Mehr zu diesem Thema bietet das Kapitel »Stiftungen in der Biographie ihrer Stifter«.

Ein Denkmal setzen wollen sich viele Stifter – allerdings erst für die Nachwelt

Vielen Stiftern ist es sehr wichtig, der Nachwelt etwas Bleibendes zu hinterlassen. Gerade für Kinderlose sind Stiftungen daher ein ideales Instrument, um nicht einfach ohne eine Hinterlassenschaft aus dem Leben zu treten. Die Stiftung als Vermächtnis, als Denkmal für die Nachwelt, spielt daher bei vielen Gründungen eine große Rolle.

Zu Lebzeiten aber legen viele Stifter keinen Wert darauf, als Wohltäter in der Öffentlichkeit zu stehen. Natürlich erwarten Stifter Anerkennung für ihr Engagement, diese Erwartung ist jedoch kein Grund für die Gründung einer Stiftung. Tatsächlich scheuen viele Stifter die Öffentlichkeit: Fast die Hälfte der Stifter möchte lieber anonym im Hintergrund wirken, weshalb ein erheblicher Teil der Stiftungen auch nicht den Namen des Stifters trägt.

Lesen Sie weiter im Kapitel »Die Beweggründe von Stiftern«.

Die Anziehungskraft von Stiftungen liegt in der Kontrolle über die Mittel

Stifter wollen sich für das Gemeinwohl einsetzen. Wichtig ist ihnen dabei aber, dass sie selbst entscheiden, wo ihr Engagement gebraucht wird und wie sie dieses gestalten wollen. Dies unterscheidet die eigene Stiftung zum einen vom Steuernzahlen – Steuern sind anonym und dienen mitunter Zwecken, die man gar nicht unterstützen möchte. Zum anderen widerstrebt es vielen Stiftern, ihr Geld an die großen Wohlfahrtsorganisationen zu spenden, weil auch hier nicht immer nachvollziehbar ist, wie viel Geld wirklich bei den Empfängern ankommt. Die eigene Stiftung bietet demgegenüber die Möglichkeit, die Verwendung der Mittel zu bestimmen und zu kontrollieren.

Weitere Motive für die Wahl der Rechtsform werden im Kapitel »Warum wählen Stifter die Rechtsform der Stiftung?« erläutert.

Viele Stifter gründen in Etappen

Die meisten Stifter entschließen sich dazu, ihre Stiftung in Etappen zu gründen. Sie bringen nicht gleich zu Beginn das gesamte Vermögen in die Stiftung ein, sondern starten die Stiftung mit einem kleineren Betrag, den sie später weiter aufstocken. Die Gründe für dieses Vorgehen liegen auf der Hand: Vermögen, das einmal in eine Stiftung eingebracht worden ist, kann nicht wieder zurückgeholt werden.

In Zeiten wirtschaftlicher Unsicherheit möchten viele Stifter daher Geld für den Lebensabend zurücklegen. Erst nach ihrem Tod fällt das verbliebene Vermögen dann an die Stiftung. Ebenso verbreitet ist das Motiv, die Form der Stiftung erst zu testen, ohne gleich einen allzu großen Betrag zu investieren. Entspricht die Stiftungsarbeit den Erwartungen, stocken die Stifter das Vermögen weiter auf.

Weitere Informationen zur Vermögensausstattung finden Sie in den Kapiteln »Wie laufen die Gründungen ab?« und »Die Stiftungen – Vermögen, Zwecke, Struktur und Arbeitsweise«.

Vertrauen ist wichtiger als Expertise

Viele Stifter betrachten ihre Stiftung nicht nur als persönliche, sondern auch als private Angelegenheit. Dies äußert sich nicht zuletzt in der Tatsache, dass Angehörige, Freunde und Bekannte eine viel wichtigere Rolle spielen als Experten und Fachberater – und zwar sowohl bei der Gründung als auch bei der Führung der Stiftung.

Einzelheiten zur Rolle von Dritten finden Sie in den Kapiteln »Die Stiftungen – Vermögen, Zwecke, Struktur und Arbeitsweise« und »Stifter raten Stiftern«.

Der Charakter von Stiftungen hat sich grundsätzlich gewandelt

Zugespitzt könnte man sagen: Traditionell wurden Stiftungen gegründet, um Geld auszugeben; heute hingegen werden viele Stiftungen gegründet, um Geld zu sammeln. Viele Stifter betreiben Fundraising, um zusätzliche Mittel für ihre Sache zu gewinnen; zahlreiche Gemeinschafts- und Bürgerstiftungen bemühen sich um Spender und

Zustifter. Diese Bemühungen haben dazu geführt, dass Stiftungen ihren Charakter gewandelt haben und auch in der Öffentlichkeit nicht mehr als unabhängige Geldgeber, sondern als Geldsammler wahrgenommen werden.

Mehr hierzu bietet das Kapitel »Stifter und Stiftungen in der öffentlichen Wahrnehmung«.

Der Stiftungsboom der letzten Jahre ist kein Stifterboom

Der oft zitierte »Stiftungsfrühling« der letzten Jahre bedarf einer genaueren Betrachtung. Tatsächlich ist die Zahl der jährlichen Neugründungen von 200 im Jahr 1990 auf rund 800 angewachsen. Der Löwenanteil dieser Stiftungen ist jedoch nicht von natürlichen Personen, also von Stiftern, gegründet worden, sondern von Unternehmen, Vereinen und öffentlichen Körperschaften wie Theatern oder Museen.

Abbildung 1:
Stiftungsgründungen von natürlichen und juristischen Personen

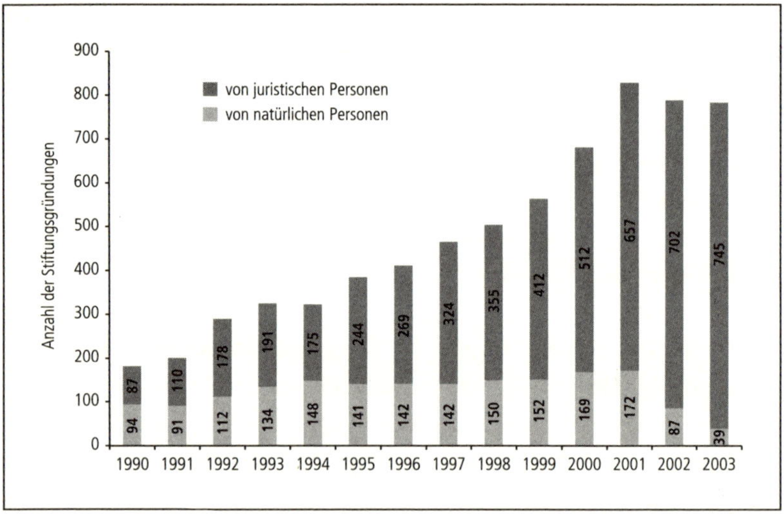

Quelle: Bundesverband Deutscher Stiftungen, Stand Mai 2004, eigene Berechnungen

Wie Abbildung 1 zeigt, lag der Anteil derjenigen Stiftungen, die über die 90er Jahre von Einzelpersonen gegründet worden sind, jeweils bei ca. 150 Gründungen pro Jahr. Seit 2001 sinken diese Zahlen relativ und absolut: 2002 weist die Statistik des Bundesverbandes Deutscher Stiftungen noch 87 Stiftungen und 2003 gerade noch 39 Stiftungen aus, die von Stiftern ins Leben gerufen worden sind.

Der Stiftungsboom der letzten Jahre ist daher kein Stifter-Boom und somit auch kein Ausdruck für ein gestiegenes bürgerliches Verantwortungsgefühl oder eine Folge der Erbschaftswelle. Der Stiftungsboom scheint vielmehr die Fundraising-Zwänge öffentlicher und privater Institutionen zu belegen, die ihren Förderern die steuerlichen Vorteile von Stiftungen sichern möchten.

Die Datengrundlage der StifterStudie

Einzelheiten zu den Methoden der Befragungen finden Sie am Ende dieses Buches im Kapitel »Datenbasis der StifterStudie«. Die folgende Übersicht soll Ihnen aber bereits an dieser Stelle einen Eindruck geben.

Wer wurde befragt?

Die Studie beruht auf zahlreichen Aussagen von Stiftern, die wir zum Teil persönlich interviewt und zum Teil mit Hilfe von Fragebögen befragt haben. Die Zielgruppe der Untersuchung waren Stifter, die seit 1990 eine gemeinnützige Stiftung ins Leben gerufen haben. Das Kriterium der Auswahl war, dass die Person einen Betrag von mindestens 50 000 Euro dauerhaft einem gemeinnützigen Zweck gewidmet hat; und zwar unabhängig von der Rechtsform, sodass im Sample selbstständige und treuhänderische Stiftungen ebenso erfasst sind wie gemeinnützige GmbHs.

Um die Ergebnisse nicht zu verzerren, sind Stifter, die sich mit kleinen Summen an der Gründung einer Gemeinschaftsstiftung beteiligt haben, nicht in das Sample aufgenommen worden. Personen, die eine bestehende Stiftung durch eine Zustiftung unterstützt haben, konnten nur in Einzelfällen berücksichtigt werden, weil Zustifter in Deutschland – leider – nicht systematisch erfasst werden.

Der Fragebogen enthielt viele sehr persönliche Fragen zu Werten, Motiven und Erwartungen, die nur vom Stifter selbst beantwortet werden konnten. Wir haben uns daher dafür entschieden, auf eine Beantwortung durch Berater, Familienangehörige oder Gremienmitglieder zu verzichten. Diese Einschränkung bringt es mit sich, dass Stifter, die ihre Stiftung erst von Todes wegen gegründet haben (testamentarische Stiftungen), nicht berücksichtigt worden sind.

Wie wurden die Stifter befragt?

Beginnend im Herbst 2003 haben wir insgesamt 22 Interviews mit Stiftern, Stifterinnen und Stifterpaaren geführt. Die Auswahl der Interviewpartner folgte dem Anspruch, möglichst unterschiedliche Perspektiven auf den deutschen Stiftungssektor zu gewinnen. Die Interviews spiegeln daher die Erfahrungen verschiedener Typen von Stiftern wider, die sich nach Alter, Geschlecht, Lebenslagen, Vermögen und Motiven unterscheiden. Auch die Stiftungen decken hinsichtlich der Arbeitsweise, des Tätigkeitsbereichs und der Vermögensausstattung eine große Bandbreite ab.

Aufbauend auf den Interviews wurde ein zwölfseitiger Fragebogen zu den Motiven und Erfahrungen von Stiftern entwickelt. Dieser Fragebogen wurde im Februar 2004 an alle Stiftungen versandt, die laut der Datenbank des Bundesverbandes Deutscher Stiftungen den Kriterien der Studie entsprachen: seit 1990 von einer natürlichen Person zu Lebzeiten gegründet. Sofern es sich bei der Stiftung um eine gemeinsame Gründung durch ein Stifterpaar handelte, wurden zwei Fragebögen verschickt, um beiden Stiftern die Möglichkeit zu geben, ihre Beweggründe zu erläutern. Insgesamt wurden so 1666 Fragenbögen versandt.

Bei 306 Empfängern mussten wir leider feststellen, dass sie in der Zwischenzeit verstorben waren oder nicht den Auswahlkriterien entsprachen, sodass sich die Grundgesamtheit der Stifter auf 1360 belief. Von diesen 1360 haben 629 an der Umfrage teilgenommen, was einem Rücklauf von 46 Prozent entspricht.

Im Juli 2004 haben alle 629 Teilnehmer der ersten Befragung als Dank und Rückmeldung eine Dokumentation der Studie erhalten. Die Stifter hatten darüber hinaus die Möglichkeit, uns zu signalisieren, ob sie für weitere Auskünfte zur Verfügung stehen. Unter denjenigen 248 Stiftern, die uns dieses Signal gegeben haben, wurde im Oktober 2004 eine vertiefende Umfrage durchgeführt. Die Nacherhebung, an der erneut 179 Stifter teilgenommen haben, konzentrierte sich vor allem auf die praktischen Herausforderungen bei der Gründung und Führung von Stiftungen.

Um schließlich die Aussagen der Stifter mit der in der Öffentlichkeit herrschenden Meinung über Stifter und Stiftungen in Beziehung setzen zu können, haben wir im September 2004 eine bevölkerungsrepräsentative Umfrage gestartet. Diese Telefon-Umfrage unter 1007 Bundesbürgern erlaubte uns wichtige Rückschlüsse auf das öffentliche Bild von Stiftern.

Nachweise und Zitate

Soweit im Text ohne weiteren Nachweis auf Daten aus der Studie verwiesen wird, handelt es sich um Ergebnisse aus der Hauptumfrage vom Februar 2004. Ergebnisse aus der Nacherhebung sowie aus der Bevölkerungsumfrage werden als solche kenntlich gemacht.

Sämtliche Zahlenangaben sind gerundet. Die meisten Fragen in den Fragebögen waren mit »ja/nein« bzw. »trifft zu« zu beantworten. Bei einigen Fragen bestand jedoch die Möglichkeit, ein skaliertes Antwortschema zu nutzen (trifft völlig/eher/teils, teils/eher nicht/gar nicht zu). Zur Wiedergabe der Ergebnisse aus diesen Fragen werden im Text und in den Grafiken jeweils die beiden Nennungen »trifft völlig zu« und »trifft eher zu« zusammengefasst und als Zustimmung gewertet.

Um die Stiftungen, für die zwei Stifter geantwortet haben, nicht überzubewerten, sind alle Angaben, die sich auf die Stiftungen (Zwecke, Vermögen, Mitarbeiter) beziehen, in der Weise bereinigt worden, dass nur jeweils die Antwort eines Stifters gezählt wurde.

Die vorliegende Dokumentation der Ergebnisse stützt sich neben den Umfrageergebnissen auch stark auf die Aussagen, die die Stifter in den persönlichen Interviews gemacht haben. Um die Anonymität zu gewährleisten, werden die Interviewpartner nicht mit ihrem Namen genannt. Damit die einzelnen Aussagen trotzdem einander zugeordnet werden können, sind die Interviewten mit Stifter A, Stifterin D, Stifterpaar C zitiert. Die Interviewpassagen sind wörtliche Wiedergaben aus den Gesprächen. Die Zitate wurden nur dann verändert, wenn das Gesagte sonst eindeutige Rückschlüsse auf die interviewte Person erlaubt hätte.

Eine Übersicht über die befragten Stifter finden Sie im Anhang.

I Stifter in Deutschland

Die Beweggründe von Stiftern

Im Vordergrund steht der gemeinnützige Zweck

Der ausschlaggebende Grund, eine Stiftung zu gründen, ist ein konkretes Thema: Stifter* wollen etwas für Kinder unternehmen, das Wattenmeer schützen, ihre Heimatstadt fördern, sich für die Völkerverständigung einsetzen, eine Kunstsammlung bewahren oder eine soziale Einrichtung unterstützen. Welcher Tätigkeitsbereich es im Einzelfall auch ist: Die meisten Stifter haben ein Thema, das sie bewegt, und deshalb wollen sie auf diesem Feld und keinem anderen tätig werden.

Diese Tatsache wird besonders deutlich an der Frage nach Henne oder Ei der Stiftungsgründung: Steht der Wunsch nach einer Stiftung an erster Stelle oder eine inhaltliche Vision? Wie Abbildung 2 verdeutlicht, geben vier von fünf Stiftern in der Umfrage an, dass sie zuerst den Wunsch verspürt haben, sich für eine bestimmte Sache zu engagieren. Zur Verwirklichung dieses Vorhabens haben sie dann eine Stiftung gegründet. Lediglich ein Fünftel der Befragten gibt an, dass der Wunsch eine Stiftung zu gründen zuerst da war und erst danach die Suche nach einem förderungswürdigen Zweck begann.

* Die StifterStudie zeigt, dass fast ein Drittel der deutschen Stifter Stifterinnen sind. Im Sinne einer besseren Lesbarkeit des Textes haben wir uns trotzdem entschieden, nur die männliche Form zu verwenden. Die Stifterinnen sind selbstverständlich immer gleichfalls gemeint.

Abbildung 2: Impuls zur Stiftungsgründung

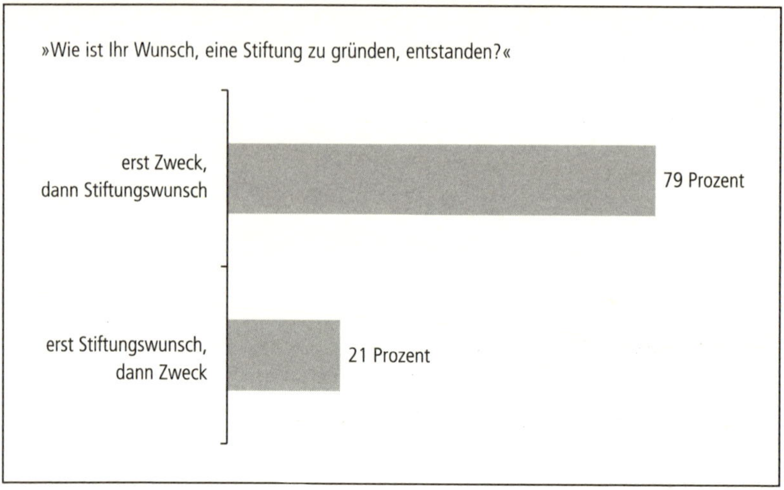

n = 604
Quelle: Hauptumfrage StifterStudie

Dieses Ergebnis spiegelt sich auch in den Interviews wider. Laut Stifterin D »braucht man ein Thema – man braucht etwas, wo man merkt: Das berührt mich innerlich«. Stifter B: »Das Wichtigste sind die Inhalte, die müssen einem wirklich am Herzen liegen. Man gibt in diese Sache was rein und hat das Gefühl: Das ist man eigentlich selber.«

Themenfindung und Stiftungszweck

Die Frage, welchen Zwecken sich die Stiftung widmen soll, entscheidet jeder Stifter individuell für sich. Kriterien für einen »richtigen« Zweck gibt es nicht; das einzige Kriterium ist, dass das Tätigkeitsgebiet dem Stifter am Herzen liegt. Dementsprechend sind es oft sehr individuelle Erfahrungen, die die Wahl des Zweckes beeinflussen.

Bei vielen Stiftern ergibt sich der Stiftungszweck aus dem eigenen Erleben. Ihnen stößt etwas zu, das sie plötzlich auf einen gravierenden Missstand aufmerksam macht, an den sie vorher nie gedacht hatten. So litt die Ehefrau von Stifter E an Krebs und musste weit mehr

Schmerzen leiden, als nötig gewesen wären, weil Schmerztherapie für viele Ärzte ein Fremdwort war. »Das hat mich auf die Palme gebracht«, kommentiert Herr E diesen Missstand. Nach dem Tod seiner Frau gründete er daher eine Stiftung, die sich dem Thema menschenwürdiges Altern widmet.

Auch in anderen Fällen sind es Schicksalsschläge, die das Tätigkeitsgebiet der Stiftung prägen: Der jüngste Sohn der Stifterin G war als Kleinkind lebensbedrohlich krank; viele Stunden und Tage wachte sie am Krankenbett ihres Kindes und erlebte so, wie viel Leid sie und andere betroffene Familien auszuhalten hatten. »Ich habe das alles durchgemacht und durchgestanden, und dann hab ich mir gedacht: Wenn unser Kind wieder gesund ist, dann mach ich irgendwas für Kinder.« Ihr Sohn wurde wieder gesund, aber Frau G wusste jetzt, wie es sich anfühlt, Mutter eines kranken Kindes zu sein. Sensibilisiert für das Thema, rief sie eine Stiftung ins Leben, die Familien unterstützt, die durch Krankheit in Notlagen geraten.

Die Auslöser für eine Stiftungsgründung müssen allerdings nicht immer so dramatisch sein wie in den beiden genannten Beispielen. Oft nehmen Stifter auch lediglich ein spezielles Hobby zum Anlass, eine Stiftung zu gründen, wie beispielsweise ihre Naturverbundenheit, ihre Kunstbegeisterung oder ihr Engagement für die Heimatstadt. Andere wiederum setzen – nach dem Ausscheiden aus dem aktiven Berufsleben – ihre berufliche Tätigkeit fort, indem etwa ein erfolgreicher Ingenieur eine Stiftung zur Förderung der Ingenieurswissenschaften gründet. In jedem Fall gilt: Die meisten Stifter haben ihr Thema gefunden, bevor sie daran gehen, eine Stiftung zu gründen.

Die Suche nach dem »richtigen« Stiftungszweck

Laut unseren Ergebnissen begeben sich Stifter nur in wenigen Fällen aktiv auf die Suche nach einem geeigneten Zweck für ihre Stiftung. Nur ein Fünftel der Stifter gab an, dass der Wunsch, eine Stiftung zu gründen, da war, bevor sie ein Thema gefunden hatten, dem sich die Stiftung widmen sollte.

An dieser Stelle ist jedoch eine Einschränkung nötig: Dieses Ergebnis ist für diejenigen Stifter, die an der Umfrage teilgenommen haben, durchaus plausibel. Es ist allerdings zu vermuten, dass das Ergebnis anders ausfallen würde, wenn man testamentarische Stiftungen mit in die Untersuchung aufnehmen würde. In diesen Fällen steht nämlich häufig der Wunsch, mit dem verbleibenden Vermögen eine Stiftung zu gründen, vor der inhaltlichen Motivation.

»Über Stiftungen hatte ich immer schon mal was gelesen«, so Frau H, die ihre Stiftung erst von Todes wegen gründen wird: »Und was sollte ich sonst machen? Erben habe ich ja nicht, also eine Stiftung.« Der erste Schritt bestand in diesem Fall in der Erkenntnis, dass eine Stiftung die beste Möglichkeit darstellte, das Vermögen zu verwenden. Die Festlegung des Zwecks erfolgte erst in einem zweiten Schritt.

Die Ergebnisse der Studie bestätigen diesen Trend. Unter den 21 Prozent der Stifter, bei denen der abstrakte Stiftungswunsch wichtiger war als die konkrete inhaltliche Motivation, sind bestimmte Gründungsanlässe besonders häufig vertreten: Diese Stiftungen werden typischerweise dann gegründet, wenn die Stifter erbenlos sind, wenn der Nachlass geordnet werden soll oder wenn ein Unternehmer die Nachfolge seines Unternehmens regelt.

In Fällen, in denen die Stiftung eher aufgrund eines äußeren Anlasses gegründet wird, kommt es daher durchaus vor, dass Stifter aktiv auf die Suche nach einem Zweck gehen. Ein solcher Anlass sind nicht zuletzt Erbschaften. Mehrere Interviewpartner machten deutlich, dass für sie schon früh feststand, dass sie das ihnen zugefallene Erbe nicht für ihren persönlichen Bedarf verwenden wollten. Sei es, weil sie das Geld nicht brauchten oder weil sie das Gefühl hatten, das Geld nicht persönlich verdient zu haben – sie machten sich auf die Suche nach einer sinnvollen Verwendungsmöglichkeit.

Für Frau D stand schon bald nach der Erbschaft fest, »dass ich was Sinnvolles damit machen sollte«. Über zwei Jahre suchte sie nach einem Zweck; sie versuchte dies, engagierte sich dort und erwog verschiedene Themen, darunter Afrika, Kinder, Kranke und Aids, bis sie endlich ein Thema fand, das sie wirklich bewegte.

Auch Stifter B, ebenfalls Erbe, hatte sich in Erwartung der Erbschaft »lange schon Gedanken gemacht: ›Wofür würdest du denn eine größere Summe von deinem Erbe abgeben? Was kannst du Sinnvolles mit dem Geld tun?‹«, fragte er sich lange im Voraus. In dieser Situation war er äußerst dankbar und empfänglich für gute Anregungen. Seinen Bedarf an guten Vorschlägen teilte er einer gemeinnützigen Organisation mit, für deren Arbeit er sich interessierte: »In gewisser Weise habe ich denen gesagt: Ich habe ein Problem, bitte löst das mal für mich. Und als die dann mit dem Projekt kamen, da schwebte ich fast in den Wolken. Ich war denen dankbar; die haben sich bedankt, aber ich habe mich auch bei ihnen bedankt.«

Inzwischen erlebt dieser Stifter sein Engagement als Glücksfall, um den er von anderen beneidet wird: »Viele Leute beneiden mich, dass ich was gefunden habe, wo ich so gerne nicht nur Geld, sondern auch Engagement reinsetze. Es ist nicht unbedingt einfach, was zu finden, und es ist ohne weiteres denkbar, dass es Leute gibt, denen nichts einfällt.«

Motive der Stiftungsgründung

Wer eine Stiftung gründet, trennt sich unwiderruflich von einem Teil seines Vermögens. Der inhaltliche Antrieb, ein bestimmtes Thema anzugehen, wird verstärkt von einer Reihe von weiteren Motiven, die Menschen zu einer Stiftungsgründung motivieren. Der Wunsch, etwas zu bewegen, und das Verantwortungsbewusstsein gegenüber anderen Menschen werden von den meisten befragten Stiftern als ausschlaggebende Gründe genannt.

Weitere Faktoren sind der Wunsch, ein konkretes Problem zu bekämpfen, eine bestimmte Einrichtung zu fördern oder der Gesellschaft etwas zurückzugeben. Abbildung 3 zeigt die Motive in der Übersicht, von denen wir einige im Anschluss noch weiter vertiefen möchten.

Abbildung 3: Motive für die Stiftungsgründung

»Menschen können aus ganz unterschiedlichen Gründen eine Stiftung errichten. In welchem Ausmaß haben die folgenden Faktoren Ihre Entscheidung beeinflusst, eine Stiftung zu gründen?«

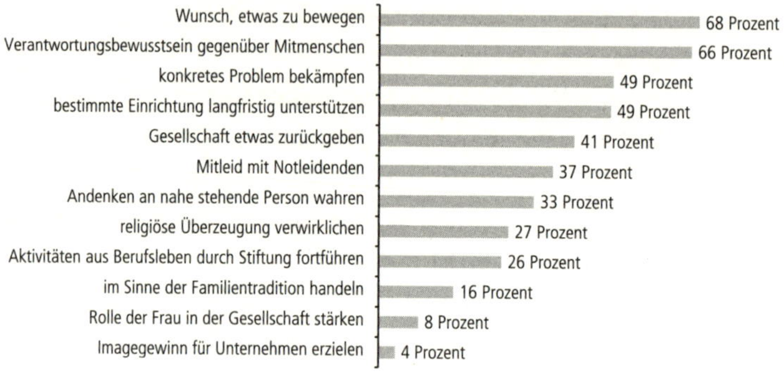

n = 417–494, Mehrfachnennungen möglich; zusammengefasste Antworten »trifft voll zu« und »trifft eher zu« auf einer Fünfer-Skala
Quelle: Hauptumfrage StifterStudie

Eigentum verpflichtet

In den persönlichen Interviews wird dieses Motiv von vielen Stiftern besonders hervorgehoben: Eigentum verpflichtet. Das Stifter-Ehepaar I äußerst sich hierzu ganz klar: »Das, was uns als Vermögen zugewachsen ist, das betrachten wir als geliehen und geben es – durch die Stiftung – zurück.« Denn: »Es kann niemand was mitnehmen ins Grab – dann kann man es doch zurücklassend einer sehr sinnvollen Verwendung zuführen.« Viele genießen durchaus ihren Wohlstand, haben aber das Gefühl, noch mehr Geld für private Zwecke nicht zu benötigen.

Auch die Umfrage belegt dieses Motiv sehr deutlich: Bei der Frage nach den Einstellungen zu Wohlstand und Reichtum brachten 80 Prozent der Stifter zum Ausdruck, dass sie der Aussage »Eigentum verpflichtet« zustimmen. Zum Vergleich haben wir den 1007 Teilnehmern der bevölkerungsrepräsentativen Telefon-Umfrage dieselbe Aussage vorgelegt: In der Bevölkerung insgesamt stimmten nur 62 Prozent der Aussage zu.

»Giving back«

Dankbarkeit ist vor allem bei Unternehmern ein stark vertretenes Motiv für eine Stiftungsgründung – »giving back« lautet der sozialwissenschaftliche Anglizismus dafür. Im Gegensatz zum herkömmlichen Klischee eines Kapitalisten, der ständig nach Steuerschlupflöchern fahndet und Steuersenkungen fordert, haben Unternehmer oft das Gefühl, dass sie dem Land wesentlich mehr schulden, als bloß Steuern zu zahlen, wie Stifter K deutlich macht: »Das Land hat mir ermöglicht, reich zu werden, dann hab ich auch die verdammte Pflicht, hier zu bleiben und mich zu engagieren.«

»Für uns beide«, ergänzt das Stifterpaar M, »spielte der Wunsch eine große Rolle, der Gesellschaft, die uns die Gelegenheit gegeben hat, zu einem Vermögen zu kommen, etwas davon zurückzugeben. Wir konnten hier nämlich in Freiheit und Zufriedenheit tätig werden.« Auch ein Bewusstsein für zu dramatische soziale Gegensätze ist bei stiftenden Unternehmern zu finden: »Du hast alles, und die haben nix«, sagt Stifter O. »Das kann nicht sein. Du hast ja bloß Glück gehabt, du bist halt auf der richtigen Seite, zur richtigen Zeit geboren.« Daraus ergibt sich für ihn eine Verpflichtung, zu teilen: »Also es war Glück, aber vielleicht war es auch nicht nur Glück; vielleicht hat man damit auch eine gewisse Verpflichtung; den von Gott gegebenen Lebensstandard nicht alleine zu verbrauchen, sondern zu teilen.«

Weitere Motive zur Stiftungsgründung

Andere Motive, von denen man erwarten könnte, dass sie den Stiftern wichtig sind, spielen nach den Ergebnissen der StifterStudie keine große Rolle, wie zum Beispiel die Wahrung des Andenkens an eine nahe stehende Person, der Ausdruck der eigenen religiösen Überzeugung oder die Fortführung der beruflichen Aktivitäten durch die Stiftung. Von noch geringerer Bedeutung war der Wunsch, im

Sinne der Familientradition zu handeln, die Rolle der Frau in der Gesellschaft zu stärken oder einen Imagegewinn für das eigene Unternehmen zu erzielen.

Obwohl diese Motive für die Mehrheit der Stifter nicht ausschlaggebend sind, spielen sie in Einzelfällen durchaus eine große Rolle: Für Stifter P, dessen Stiftung Projekte an seinem eigenen Universitätsinstitut fördert, ist die Stiftung durchaus ein Mittel, um »meine akademische Tätigkeit fortzuführen, wenn ich nach der Emeritierung nicht mehr aktiv im Universitätsleben tätig bin«.

Und für die Stifterin Frau J, deren Unternehmen im Einzelhandel tätig ist, ist die Stiftung sogar tatsächlich »ein ideales Marketinginstrument und ein Element der Unternehmenskultur. Die Mitarbeiter identifizieren sich mit der Stiftung und arbeiten begeistert mit«. Nach diesem Gesichtspunkt wurde auch der Stiftungszweck ausgesucht: »Kinder, weil Kinder gut ankommen«.

Persönliche Erwartungen bei der Stiftungsgründung

Auf Initiative des Bundesministeriums für Familie, Senioren, Frauen und Jugend wurde im Jahr 1999 eine umfangreiche Erhebung zum Thema ehrenamtliches Engagement in Deutschland durchgeführt. Die Ergebnisse des so genannten Freiwilligensurvey zeigen, dass altruistische Motive kein Widerspruch zu eher egoistischen Erwartungen sind. Im Gegenteil: In vielen Fällen sind diese unterschiedlichen Erwartungen kaum voneinander zu trennen.

So ergab der Freiwilligensurvey, dass klassisch altruistische Erwartungen eine wichtige Rolle spielen: Engagierte wollen »etwas für das Gemeinwohl tun« (Mittelwert 4,1 auf einer Fünfer-Skala; 5 bedeutet höchste Zustimmung) und wollen »anderen Menschen helfen« (4,1). Vor allem aber erwarten Menschen, die sich gemeinnützig engagieren, »Spaß« an der Sache (4,5), dicht gefolgt von dem Wunsch, »mit sympathischen Menschen zusammenkommen« (4,2) und »eigene Verantwortung und Entscheidungsmöglichkeiten haben« (3,5).

Auch das Bedürfnis nach Anerkennung ist relativ stark ausgeprägt (3,3), während die Erwartung, dass »die Tätigkeit auch für berufliche Möglichkeiten nutzt«, mit einem Mittelwert von 2,2 eher nachrangig ist. (vgl. Freiwilligensurvey 1999, S. 113)

Hinsichtlich der Erwartungen, die mit Engagement verbunden werden, decken sich die Daten der StifterStudie weitgehend mit den Ergebnissen aus dem Freiwilligensurvey. Hier wie dort handelt es sich um eine fast unauflösliche Mischung aus selbstlosen und selbstbezogenen Erwartungen.

Was die Letzteren angeht, wird Stiftern häufig ein ganz zentrales Motiv unterstellt: nämlich mit der Stiftung Steuern sparen zu wollen. Dies denken nach unserer repräsentativen Erhebung immerhin 29 Pro-

Abbildung 4: Erwartungen bei der Stiftungsgründung

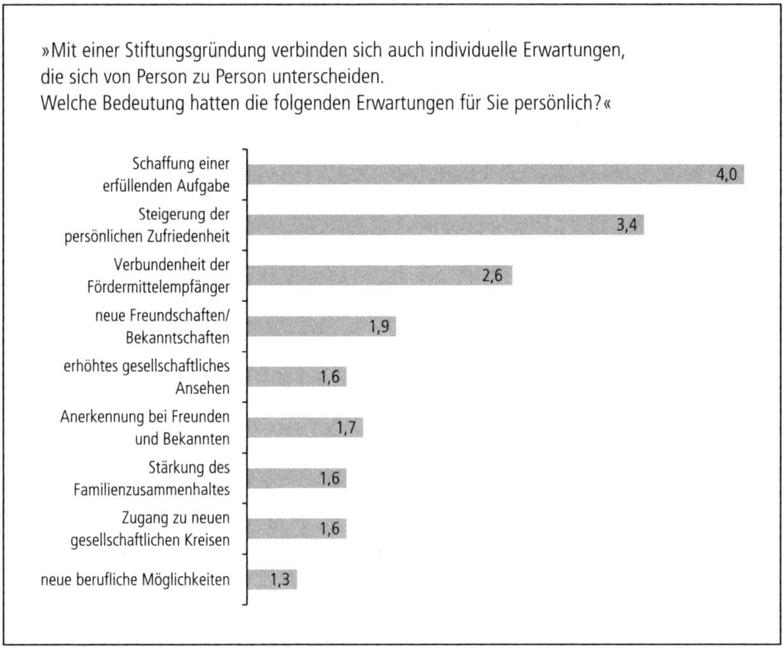

n = 465–577, Mehrfachnennungen möglich; Mittelwerte einer Fünfer-Skala (1 = sehr unbedeutend, 5 = sehr bedeutend).
Quelle: Hauptumfrage StifterStudie

zent der Bevölkerung. Um es vorweg zu nehmen: Diese Erwartung ist statistisch nicht nachweisbar; aus dem einfachen Grund, weil man mit einer Stiftung schlicht keine Steuern sparen kann. Allenfalls kann man einen Teil des eingesetzten Geldes steuerlich geltend machen. Dies ist jedoch kein Motiv für ein Engagement – sehr wohl aber ein Grund, das Engagement in Form einer Stiftung zu betreiben. Dieser Aspekt wird im Kapitel »Warum wählen Stifter die Rechtsform einer Stiftung?« eingehender diskutiert.

Abbildung 4 verdeutlicht die Erwartungshaltungen, die Stifter mit der Gründung ihrer Stiftung verfolgen. Im Sinne einer besseren Vergleichbarkeit mit dem Freiwilligensurvey zeigen die Angaben die Mittelwerte.

Sinn-Stiftung

Unabhängig davon, ob man die Zahlen absolut oder als Mittelwert darstellt: Die Hoffnung, mit der Stiftung eine sinnvolle Tätigkeit zu beginnen, ist die wichtigste Erwartung, die mit einer Stiftungsgründung verbunden wird: 75 Prozent der Stifter bestätigen, dass die »Schaffung einer erfüllenden, sinnvollen Aufgabe« für sie entscheidend war; 55 Prozent geben an, sich eine »Steigerung der persönlichen Zufriedenheit« versprochen zu haben.

Dieses Bild spiegelt sich in den Interviews wider. Sie belegen gleichzeitig, dass die Erwartungen in den allermeisten Fällen auch erfüllt werden. Fast alle befragten Stifter äußern in den persönlichen Interviews, dass ihre Stiftung ihr Leben bereichert und für sie im wahrsten Sinne des Wortes Sinn macht. »So wie ich jetzt hier sitze, das war meine Erwartung«, stellt Frau R fest: »Dass ich etwas tue, was Sinn hat, was mich begeistert. Ich gehe morgens an meinen Schreibtisch, und ich weiß, was ich da tue und wofür ich es tue.« Diese sinnstiftende Tätigkeit ist besonders älteren Stiftern wichtig: »Die Stiftung hindert uns daran, dauernd zu jammern und immer nur Gespräche zu führen, wie schlecht es uns geht und unsere Krankengeschichten rauf- und runterzubeten«, sagen Stifter E und F, die gemeinsam eine Stiftung gegründet haben.

Gesellschaftliche Anerkennung

Wer sein gesellschaftliches Engagement in Form einer Stiftung organisiert, gründet eine eigene Organisation. Anders als eine Spende, eine ehrenamtliche Mitarbeit oder eine Mitgliedschaft in einem Verein bietet eine Stiftung die Möglichkeit, das Engagement sichtbar und dauerhaft mit dem eigenen Namen zu verbinden. Die Vermutung, dass sich Stifter ein Denkmal setzen wollen, liegt nahe und wird von amerikanischen Studien bestätigt. So konnte Francie Ostrower für die New Yorker Oberschicht zeigen, dass Stiftungen und gemeinnütziges Engagement eine hohe Bedeutung haben, wenn es darum geht, die Zugehörigkeit zu einer sozialen Elite zu demonstrieren. (vgl. Ostrower, 1997, bes. S. 28 ff.)

Hinsichtlich der Frage, ob sich Stifter ein Denkmal setzen wollen, muss man zunächst unterscheiden, für wann dieses Denkmal gesetzt werden soll: Vielen Stiftern ist es sehr wichtig, der Nachwelt etwas Bleibendes zu hinterlassen, wenn sie einmal sterben (43 Prozent). Die Stiftung als Vermächtnis, als Denkmal für die Nachwelt, spielt daher bei vielen Gründungen eine große Rolle. Dieser Antrieb ist für viele einer der wesentlichen Gründe, die Rechtsform einer Stiftung zu wählen. Während also für viele Stifter das Denkmal für das Jenseits ein wichtiger Aspekt ist, muss die Frage nach dem Denkmal im Diesseits differenzierter betrachtet werden.

Mehrere Interviewpartner sprechen den Vorwurf der Eitelkeit offen an: »Natürlich kommt bei jedem Stifter ein gewisses Maß an Eitelkeit dazu: dass er seinen Namen da auf der Stiftung sieht«, so Stifter O. Interessanterweise ist es so, dass zwischen der Höhe des Stiftungsvermögens und der Namensgebung für die Stiftung eine eindeutige Beziehung besteht: Je größer das Vermögen, desto eher trägt die Stiftung den Namen des Stifters: Von den 95 Stiftungen, die über weniger als 50 000 Euro verfügen, tragen 43 den Namen des Stifters (45 Prozent). Demgegenüber haben sich 75 Prozent der Stifter, die mehr als 2,5 Millionen Euro in ihre Stiftung eingebracht haben, dazu entschieden, der Stiftung ihren Namen zu geben.

Die Tatsache, dass überhaupt nur 42 Prozent der Stiftungen den Namen ihres Stifters tragen, zeigt bereits, dass viele Stifter die öffentliche Aufmerksamkeit nicht suchen. Wie im Kapitel »Die Rolle der Stifter in ihrer Stiftung« noch ausführlicher dargestellt wird, meiden viele Stifter die Öffentlichkeit: Obwohl sie sich aktiv in der Stiftung engagieren, versuchen immerhin 45 Prozent der Stifter, anonym im Hintergrund zu bleiben.

Vor diesem Hintergrund scheinen die Umfrageergebnisse, die in der Abbildung 4 zusammengefasst sind, plausibel: Die Hoffnung, durch die Stiftung ein erhöhtes gesellschaftliches Ansehen zu erreichen, mag in Einzelfällen eine Rolle spielen. Sie ist aber kein treibender Faktor für eine Stiftungsgründung.

Anerkennung im engeren sozialen Umfeld

Auf Echo und Anerkennung aus der breiten Öffentlichkeit – das zeigte der vorangehende Abschnitt – möchten viele Stifter gerne verzichten. Hinsichtlich des engeren Umfeldes könnte sich die Frage anders stellen, auch wenn die Umfrageergebnisse diesen Schluss nicht nahe legen. Stifter B macht hierzu eine interessante Beobachtung: »Es wäre verlogen, wenn man sagen würde, dass es keine Rolle spielt. Die Frage ist: Gegenüber wem möchte man diesen sozialen Status haben?«

Tatsächlich berichten viele Stifter davon, dass sie in ihrem Freundes- und Bekanntenkreis auf ambivalente Reaktionen gestoßen sind. Diese Ambivalenz hat wesentlich damit zu tun, dass 65 Prozent der Stifter angeben, dass sich ihr unmittelbarer Bekanntenkreis nicht gemeinnützig engagiert. In der überwiegenden Zahl der Fälle stehen Stifter also mit ihrem Engagement allein da. Die Reaktionen darauf bestehen daher aus einer »Mischung aus Unverständnis, Neid und Bewunderung«, wie das Stifterpaar S berichtet. Ein Teil ihres Freundeskreises hätte sie »für verrückt erklärt: ›Die wollen sich profilieren – die wollen was Besseres sein.‹« Auch Frau J hatte mit einem gewissen Misstrauen zu kämpfen: »Hast du denn nix zu tun?«, »Brauchst du das für dein Geltungsbewusstsein?«, war hier häufig die Reaktion im Freundes- und Bekanntenkreis.

Solche Vorurteile sind allerdings eher selten: Nur fünf Prozent der Stifter gaben in der Nacherhebung an, dass sie in der Öffentlichkeit oder im Bekanntenkreis mit Vorurteilen gegen Stifter zu kämpfen haben. Es überwiegen positive Rückmeldungen, die auf Seiten der Freunde und Bekannten oft mit einem schlechten Gewissen verbunden sind, wie Herr O berichtet: »Ich hab das Gefühl, ich wecke bei ganz vielen ein schlechtes Gewissen.« Bezogen auf ihren unmittelbaren Freundeskreis erwarten Stifter weniger konkrete Anerkennung; sie sehen sich selbst aber durchaus in einer Vorbildrolle, die sich mit der Hoffung verbindet, auch andere für ein gemeinnütziges Engagement gewinnen zu können.

Stifter sind also in der Selbsteinschätzung ihrer Beweggründe vor allem Realisten: Sie wollen Gutes tun, aber sie wollen auch etwas davon haben, nämlich das befriedigende Bewusstsein, etwas Sinnvolles zu tun. Ernest Hemingway hat diese Erkenntnis auf eine knappe Formel gebracht: »Moral is what you feel good after«.

Äußere Anlässe für die Gründung einer Stiftung

Der Entschluss, eine Stiftung zu gründen, reift oft über mehrere Jahre und geht nur selten auf ein einziges Motiv zurück. In den meisten Fällen steht hinter dem Entschluss ein komplexes Bündel von Überlegungen – zum inhaltlichen Antrieb treten gemeinnützige Motive und persönliche Erwartungen. Oft sind es darüber hinaus auch äußere Einflüsse oder bestimmte Lebenssituationen, die den Anstoß zu einer Stiftungsgründung geben. Unserer Umfrage zufolge spielen solche äußeren Anlässe eine erhebliche Rolle – 82 Prozent der Befragten bestätigten, dass ihre Gründung einen konkreten Anlass hatte.

Die überwiegende Zahl dieser Anlässe steht relativ unabhängig neben den inhaltlichen Motiven für eine Stiftungsgründung. Außer in den Fällen, in denen ein Schicksalsschlag den Anstoß gab – hier sind Anlass und Beweggrund identisch –, geben die äußeren Anlässe kein Tätigkeitsgebiet vor: Das Bestreben, den Nachlass zu ordnen,

Abbildung 5: Anlässe für eine Stiftungsgründung

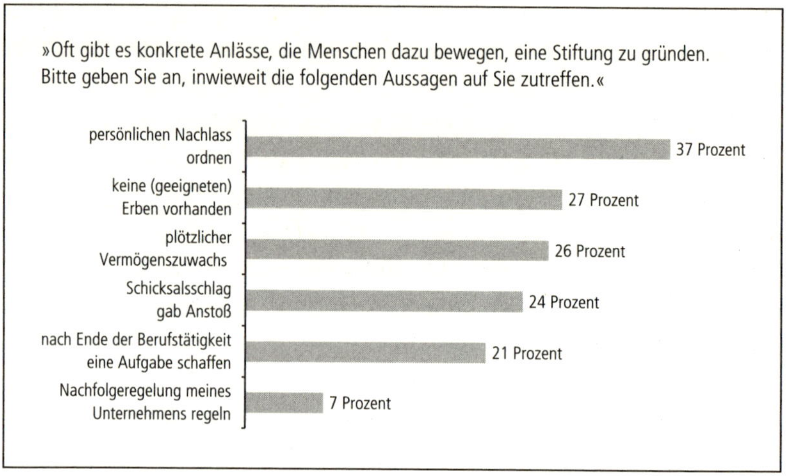

n = 502–503, Mehrfachnennungen möglich
Quelle: Hauptumfrage StifterStudie

eine Erbschaft oder das Fehlen von geeigneten Erben können zu einem Engagement in völlig unterschiedlichen Feldern führen. Aus diesem Grund lassen sich die Gründungsanlässe systematisch von den Motiven und Erwartungen trennen, die in den vorhergehenden Kapiteln dargestellt worden sind.

Die Ergebnisse der Umfrage, die in der Abbildung 5 zusammengefasst sind, werden im Folgenden um Erkenntnisse aus den Interviews ergänzt.

»Ich wollte meinen persönlichen Nachlass ordnen«

Bei denjenigen Stiftungen, die erst von Todes wegen gegründet werden, liegt der Zusammenhang zwischen Stiftungsgründung und Nachlass-Regelung auf der Hand: Die Stiftung ist in diesen Fällen das zentrale Instrument, um über die Verwendung des hinterlassenen Vermögens zu verfügen. Aber auch bei Stiftern, die ihre Stiftung noch zu Lebzeiten gründen, spielt der Gedanke an den Nachlass eine zentrale Rolle. Für weit mehr als ein Drittel der Stifter entsteht die

Überlegung, eine Stiftung zu gründen, aus der Beschäftigung mit der Frage, wie der persönliche Nachlass gestaltet werden soll.

Zwei Vermutungen drängen sich auf. Erstens: Dieser Anlass trifft vor allem auf ältere Stifter zu, die am Lebensabend über ihr Vermächtnis nachdenken. Zweitens: Die Stifter, die durch eine Stiftung ihren Nachlass ordnen wollen, sind meistens kinderlos. Beide Vermutungen werden von der Studie jedoch nur bedingt bestätigt.

Bezüglich der Altersverteilung lässt sich festhalten, dass der Anstoß »Ich wollte meinen Nachlass ordnen« durchaus auch bei Stiftern, die jünger sind als 70 Jahre, sehr bedeutend ist. Gerade unter den 60- bis 69-Jährigen wird dieser Beweggrund oft genannt. Aber auch bei Stiftern unter 60 Jahren spielt dieser Anstoß eine große Rolle. Quer durch alle Altersgruppen hindurch wird das Instrument der Stiftung stark mit der Nachlass-Regelung assoziiert. Auch wenn Stiftungen heute nicht mehr in der Mehrzahl von Todes wegen gegründet werden, hat die Stiftung ihre enge Verbindung zum Nachlass daher noch nicht verloren.

Eng verbunden mit dem Problem des Nachlasses ist auch die Frage, ob geeignete Erben vorhanden sind. Dort, wo Erben fehlen, sind Stiftungen eine attraktive Option. Trotzdem sind es nicht nur kinderlose Menschen, die mit einer Stiftung ihren Nachlass regeln möchten. Im Gegenteil: Auch für Stifter, die Kinder bzw. Erben haben, stellt sich durchaus die Frage, wem ihr Vermögen nach ihrem Tod zufallen soll.

Gerade Unternehmer und erfolgreiche Geschäftsleute, die sich ihr Vermögen durch eigene Leistung aufgebaut haben, wollen ihren Kindern einen guten Start ins Leben verschaffen, ohne ihnen zu viel Geld zukommen zu lassen. »Die Kinder«, so das Stifterpaar M, »sind in einem vernünftigen Rahmen finanziell abgesichert, und wir sehen keinen Anlass, ihnen das ganze Vermögen zu hinterlassen, weil das den Anreiz, selbst etwas zu leisten, unnötig dämpfen würde.« Eine ganz ähnliche Einstellung hat Stifter O: Er betrachtet seine Stiftung als einen »Ausgleich zwischen meinen Kindern und anderen Kindern, die es weiß Gott mehr brauchen. Meine Kinder haben eh schon viel zu viel – die machst du bloß kaputt, wenn du denen das alles vererbst.«

In den Fällen, in denen sich (spätere) Stifter bereits vor der Gründung ihrer Stiftung gemeinnützig engagierten, kommt ein weiterer Aspekt der Nachlass-Regelung dazu: Das Projekt selbst wird dann ein Teil des Nachlasses, der geregelt werden muss. Immerhin ist für die Hälfte der Stifter (49 Prozent) der Wunsch, eine bestimmte Einrichtung langfristig zu fördern, ein ausschlaggebendes Motiv. Zu diesen Stiftern zählt auch Herr T, der seine Stiftung gezielt gegründet hat, damit das, was er im gemeinnützigen Bereich aufgebaut hat, »nicht irgendwann zerschlagen wird«. Anders als ein Verein oder eine GmbH gewährleistet die Stiftung Kontinuität und Sicherheit über den Tod des Stifters hinaus für die Mitarbeiter, für die Projekte und für den Stifter selbst.

»Ich hatte keine (geeigneten) Erben«

Gut 28 Prozent der Befragten geben an, dass sie die Stiftung gegründet haben, weil sie keine Erben bzw. keine geeigneten Erben haben. Hier ist zunächst festzustellen, dass 97 Prozent dieser Stifter tatsächlich kinderlos sind. Nur eine kleine Gruppe hat Kinder, die zwar prinzipiell als Erben in Frage kämen, aber als nicht geeignet betrachtet werden.

Auch wenn die Kinder oft nicht alles erhalten sollen, so sind Stiftungen als Instrument aktiver und völliger Enterbung nach unseren Ergebnissen eher ungebräuchlich. Unter den Interviewpartnern war nur einer, der aus der Enttäuschung über seine Kinder die Konsequenz gezogen hat, sein Vermögen der Stiftung und nicht den Kindern zukommen zu lassen: »Die Kinder«, so Stifter T, »haben sich weder für die Firma noch für meine jetzigen Aktivitäten je interessiert.«

Viele kinderlose Menschen sind sehr froh, dass sie mit ihrer Stiftung eine gute Lösung für ihre Hinterlassenschaft gefunden haben. »Andere haben Kinder, die bleiben, wenn man selbst nicht mehr ist – ich habe die Stiftung«, so Stifter A, der selbst durch eine Erbschaft zu Vermögen gekommen ist.

Ohne Kinder mangelt es an sinnvollen Alternativen, wie Stifterin H deutlich macht. Sie hat keine Verwandten, denen sie das Geld schenken könnte: »Nachher suchen die noch entfernte Neffen über die Zeitung – das möchte ich nicht.« Sie möchte gern, dass ihr Geld ihrer Heimatstadt zugute kommt, aber der Kommune möchte sie es nicht zufallen lassen: »Der Stadt wollte ich es auch nicht geben – woher soll ich wissen, wer hier an der Regierung ist, wenn ich sterbe? Ich weiß doch gar nicht, was die dann damit anfangen.« Auch diese Möglichkeit kommt daher nicht in Frage. Bleiben die großen Wohltätigkeitsverbände: »SOS-Kinderdorf finde ich auch eine sehr gute Sache – aber bei diesen Fernsehsendungen, da kommen ja Millionen zusammen; die brauchen mein Geld nicht.«

Solche Überlegungen sind gerade bei testamentarischen Stiftungen oft der ausschlaggebende Grund für die Errichtung. Tatsächlich wird auch die Stiftung von Frau H erst mit ihrem Tod gegründet werden. Als Alternative zu einer eigenen Stiftung hatte sie zunächst erwogen, einfach eine bestehende Organisation mit einer Spende zu bedenken. Diese Option hat sie jedoch verworfen, denn »eine Spende hat eine zu kurze Halbwertzeit. Wenn das Testament eine Spende an eine bestimmte Organisation vorsieht, muss man regelmäßig kontrollieren, ob es die noch gibt und ob sie noch den eigenen Ansprüchen gerecht wird. Man muss sich ständig kümmern und vielleicht sogar das Testament ändern. Eine Stiftung als Erbe ist aus Sicht des Erblassers wesentlich pflegeleichter, da die Entscheidung über die Vergabe auf die Stiftung verlagert wird«, erzählt Stifterin H.

»Ein plötzlicher Vermögenszuwachs hat mich in die Lage versetzt, eine Stiftung zu gründen«

Ein weiterer wichtiger Grund für eine Stiftungsgründung ist ein plötzlicher Vermögenszuwachs – etwa aufgrund einer Erbschaft, wegen des Verkaufs eines Unternehmens oder dank eines Lotteriegewinnes oder Preisgeldes.

Bei Stiftern, die ihre Stiftung mit einem Erbe eingerichtet haben, lässt sich dabei häufig eine Gemeinsamkeit feststellen: Das geerbte

Geld wird in vielen Fällen im wahrsten Sinne des Wortes als »un-verdient« empfunden. Stifterin R sagt hierzu: »Ich habe das Vermögen meiner Mutter übernommen, und ich habe selbst nie etwas dazu getan. Das war ein starker Grund, etwas Sinnvolles zu tun. Ich habe einfach Glück gehabt, und von dem Glück will ich etwas abgeben.«

Auch Stifter U hat geerbt und findet es nach der Stiftungsgründung »sehr anregend, nicht mehr in einer Sondersituation zu sein und sich dauernd für sein Geld rechtfertigen zu müssen, sondern die Möglichkeit zu haben, mit dem Geld etwas Sinnvolles zu machen.« Ganz ähnlich ging es Stifterin D, die eine Erbschaft machte: »Auch weil ich es, zumindest in der Menge, eigentlich nicht brauchte, habe ich mich gefragt: Was machst du nun damit?«

In gut der Hälfte der Fälle, in denen ein »plötzlicher Vermögenszuwachs« als Auslöser angegeben wurde, stammt das Vermögen aus einer Erbschaft (44 Prozent). In weiteren 40 Prozent der Fälle handelt es sich um Vermögen, das durch eigene unternehmerische Tätigkeit erworben wurde; der plötzliche Vermögenszuwachs entstand in diesen Fällen offensichtlich durch den Verkauf eines Unternehmens oder zumindest von Unternehmensteilen.

Statistisch eher selten sind die Fälle, in denen ein Lottogewinn oder ein Preisgeld zum Auslöser einer Stiftungsgründung wird. In Einzelfällen kommt es jedoch durchaus vor, dass ein Forscher wie Stifter P einen akademischen Forschungspreis als Grundstockvermögen in eine Stiftung einbringt. Dabei ist er nach eigener Aussage, »gar nicht so ein gemeinnütziger Typ.« Trotzdem fördert die Stiftung weitere Untersuchungen zum prämierten Thema und hilft so dem Forscher wie der Forschung gleichermaßen.

Stifter V gewann ein Sportturnier und war plötzlich unversehens in der Situation, sich für die Verwendung des Geldes rechtfertigen zu müssen: »Die klassische Reaktion von vielen Menschen ist dann zu fragen: ›Mensch jetzt haben Sie so viel Geld, was tun Sie denn jetzt Gutes?‹« Auf der einen Seite empfand er diese Erwartungen als »vermessenen Rückschluss, weil keiner verpflichtet ist«, aber auf der anderen Seite wollte er sich der Verantwortung nicht entziehen.

»Ein Schicksalsschlag in meinem Umfeld/ meiner Familie hat den Anstoß gegeben«

Ein Viertel der Stiftungsgründungen ist auf einen Schicksalsschlag im persönlichen Umfeld zurückzuführen – sei es durch eine Erfahrung am eigenen Leibe, im Familien- oder Bekanntenkreis. In diesen Fällen deckt sich der Anlass mit dem inhaltlichen Antrieb: Wessen Kind an einer bestimmten Krankheit leidet, wird eine Stiftung gründen, die den Kampf gegen diese Krankheit aufnimmt; wer selbst einmal in einer sozialen Notlage war, dessen Stiftung wird anderen helfen, dieses Problem zu überwinden.

Typischerweise widmen sich diese Stiftungen entweder der medizinischen Forschung oder der sozialen Hilfe vor Ort. So ist es auch im Fall der bereits oben zitierten Stifterin G, deren Stiftung eine Reaktion auf die schwere Krankheit ihres Sohnes ist: »Ich weiß nicht, ob ich auf die Idee gekommen wäre, eine Stiftung zu gründen, wenn ich das nicht selber erlebt hätte mit meinem Sohn, welche Probleme es da draußen gibt.« Die Stiftung leistet heute Hilfestellungen für Familien, die durch die Krankheit von Kindern in finanzielle und damit oft auch in soziale Not geraten.

»Mit dem Ende meiner Berufstätigkeit wollte ich mir eine neue Aufgabe schaffen«

Mitunter überschneidet sich ein Schicksalsschlag als Anlass mit der Suche nach einem neuen Lebensinhalt. Frau R hat innerhalb kurzer Zeit die Mutter und den Bruder verloren: »Da kam die Frage nach dem Sinn des Lebens auf.« Aber meistens ist es das Ausscheiden aus dem aktiven Berufsleben: Man hat viel erreicht, man könnte sich zur Ruhe setzen, will aber nicht auf das »Altenteil« abgeschoben werden.

Stifter W überlegte: »Nach der aktiven Zeit wollte ich nicht so das Gefühl haben, so, jetzt hast du eigentlich nichts mehr vor dir, sondern ich habe was vor mir, bis in die späten Jahre hinein.« Auch Herr C »stand so an der Schwelle zu dem Alter, wo man sich überlegt: Könnte ich für mein Leben irgendwo noch mehr erreichen als das, was ich im Beruf erreicht habe? Sprich: Im Zusammenhang mit der

Stiftung aktiv was tun, sich persönlich einbringen. Das würde uns beiden schon Spaß machen.«

Insbesondere die Unternehmer unter den Interviewpartnern betonten, dass die Stiftung für sie nachgerade ein Jungbrunnen ist. Denn das Ausscheiden aus dem Unternehmen bedeutet nur selten das Ende des Unternehmertums. Umso mehr geht es darum, neue Herausforderungen zu finden, um den Tatendrang und die Kreativität zu befriedigen. Ein geeignetes Mittel hierfür ist häufig eine Stiftung, die als gemeinnützige Unternehmung begriffen wird: Die Stiftung »ist für mich wie ein neues Unternehmen auf meine älteren Tage hin, eben zu gemeinnützigen Zwecken«, so der erfolgreiche Unternehmer Herr K. »Es reizt mich, wirklich phantasievoll gestalten zu können, etwas aufzubauen.«

Auch Herr M, der ebenfalls auf eine erfolgreiche Unternehmerkarriere zurückblicken kann, macht deutlich: »Der Gedanke, den dritten Lebensabschnitt unternehmerisch, aber gemeinnützig zu verbringen, ist für Menschen, die Unternehmer durch und durch sind, eine tolle Perspektive: Die Stiftung zu gründen, ist, wie noch mal ein neues Unternehmen zu schaffen.« Einen grundsätzlichen Unterschied zur unternehmerischen Tätigkeit sieht er dabei nicht: »Sie müssen genauso führen, sie müssen genauso agieren, sie müssen schieben, stoßen, vorschlagen, koordinieren – deshalb ist es kein Unterschied. Sie können nur sagen: Mit der einen Hand verdienen sie das Geld, das sie mit der anderen ausgeben.«

»Ich musste die Nachfolge meines Unternehmens regeln«

Jedes Jahr stehen Tausende mittelständischer Unternehmen zur Nachfolge an. In vielen Fällen übernehmen die Kinder, oft ist es aber auch das eigene oder auch fremdes Management, das das Unternehmen fortführt. In einigen Fällen sind es jedoch Stiftungen, an die das Unternehmen übergeben wird. Aus der Perspektive der Unternehmen sind diese Fälle statistisch gesehen so verschwindend selten, dass die so genannte Mind-Studie (»Mittelstand in Deutschland«) diese Fälle bei der Nachfolgeplanung gar nicht berücksichtigt.

Für den Stiftungssektor sind diese Unternehmer-Stiftungen jedoch von allergrößter Bedeutung. Schließlich werden dabei oft immense Werte in das Stiftungsvermögen eingebracht: Die Stiftungen von Kurt Körber, Reinhard Mohn, Robert Bosch oder Gerd Bucerius sind dafür eindrucksvolle Beispiele. Insofern verweisen die sieben Prozentpunkte, die in unserer Umfrage auf diesen Anlass entfielen, auf einen äußerst interessanten Aspekt.

Was aber macht eine Stiftung zu einem attraktiven Instrument der Unternehmensnachfolge? Auf den ersten Blick haben Unternehmen und Stiftungen wenig gemein: Während die einen schnell auf Markttrends und Innovationen reagieren müssen, sind die anderen für die Ewigkeit geschaffen. Genau diese Spannung kann sich unter bestimmten Umständen als ausgesprochen attraktiv erweisen.

Es sind vor allem Familienunternehmer, die eine Stiftung in Betracht ziehen. Für sie hat oft der Erhalt des Unternehmens, das sie aufgebaut haben, allerhöchste Priorität. Die Erbschaftsteuer ist für sie daher eine große Bedrohung: Das Vermögen der Familie besteht vor allem im Besitz des Unternehmens; die Erbschaftsteuer auf dieses Vermögen kann jedoch nicht durch Unternehmensanteile beglichen werden. Im Erbfall wären die Erben daher unter Umständen gezwungen, das Unternehmen zumindest teilweise zu verkaufen, um die fällige Steuer zu begleichen.

Bringt man jedoch das Unternehmen in eine Stiftung ein, ist diese Gefahr gebannt, weil Stiftungen von der Erbschaftsteuer befreit sind. Zwar profitiert dann die Stiftung und nicht mehr die Familie von den Erträgen der Firma, aber der Erhalt des Unternehmens ist gesichert.

Für Stifter Z, Inhaber eines internationalen Baustoff-Unternehmens, ist daher die »Stiftung der beste Weg für ein mittelständisches Unternehmen, um das Nachfolgeproblem zu lösen, sowohl auf der Ebene des Erben als auch auf der Ebene des Unternehmensführers.« Er bekennt offen, dass seine Stiftungsgründung nicht auf altruistische Motive zurückgeht: »Mein Ausgangspunkt war: Wie kann ich das Unternehmen erhalten?«

Die Suche nach geeigneten Nachfolgern für das Management war die eine Seite der Medaille; die andere war die Frage nach den Besitzverhältnissen. Bei der Beschäftigung mit diesem Problem »wurde mir schnell klar: Der Besitz darf nicht vererbt werden.« Am Ende der Überlegungen stand die Lösung, das gesamte Unternehmen mit seinem Tode in die Stiftung einzubringen. Für Herrn Z ist dies der sicherste Weg, um sein Lebenswerk vor der Zersplitterung zu bewahren. Die Kinder sind ausbezahlt, und »die Erbfrage hat sich erledigt«.

Das unternehmerische Kalkül bedeutet weder in diesem noch in anderen Fällen, dass das Gemeinwohl hintanstehen muss. Im Gegenteil, denn zum einen kommen die Erträge der Stiftungs-Unternehmen dem Gemeinwohl zugute, sodass zum Teil ganz erhebliche Summen für gemeinnützige Zwecke zur Verfügung stehen. Zum anderen machen die oben zitierten Beispiele Körber, Mohn, Bosch und Bucerius deutlich, dass sich bei vielen Unternehmern die gemeinnützigen Anliegen kaum von unternehmerischen Überlegungen trennen lassen.

Das Profil der deutschen Stifter: Alter, Beruf, Herkunft, Vermögen und Werte

Wie bereits erwähnt, gibt es den typischen deutschen Stifter nicht. So unterschiedlich wie die Motive und Anlässe sind auch die Menschen, die als Stifter hinter den Stiftungen stehen. Die Vielfalt der Stifter wird vielleicht am besten deutlich an der Tatsache, dass es uns nicht gelungen ist, klare Zusammenhänge zwischen bestimmten sozialstrukturellen Merkmalen und den Ausprägungen der Stiftungen nachzuweisen.

Eine der Ausgangshypothesen war etwa, dass es einen Zusammenhang zwischen Alter und Geschlecht einerseits und den Zwecken der Stiftungen andererseits gibt. So zeigen Untersuchungen zum Spendenverhalten und zum ehrenamtlichen Engagement, dass sich Frauen eher für soziale Zwecke einsetzen, während Männer sich stärker im Bereich Bildung und Wissenschaft engagieren. Auch das Alter hat einen wichtigen Einfluss auf die Wahl der Zwecke: Umweltschutz etwa findet bei jüngeren Menschen große Unterstützung; ältere Menschen legen eher Wert auf die Förderung von Kunst und Kultur.

Bezüglich der Stifter lassen sich solche Zusammenhänge nicht nachweisen. Zwischen Geschlecht, Alter, Herkunft, Religion, Vermögen, Bildung und Beruf auf der einen Seite und dem Zweck, der Arbeitsweise und Struktur der Stiftung auf der anderen gibt es keine signifikanten Korrelationen. Fasst man aber die Gesamtgruppe der Stifter zusammen und vergleicht sie mit der Gesamtbevölkerung, unterscheiden sich Stifter so deutlich, dass man von einem gewissen Muster sprechen kann.

So ist der deutsche Stifter im Allgemeinen eine Persönlichkeit, die fest im Leben und im Beruf verankert und mit hoher Sozialkompetenz ausgestattet ist. Diese Persönlichkeit ist eben kein – wie oftmals angenommen – kauziger Einzelgänger, der mit seinem Geld irgendeine abseitige Vision verwirklichen will, sondern ein Mensch mit hohem Verantwortungsbewusstsein und Realitätssinn. Er genießt durchaus seinen Wohlstand, solange ein von ihm selbst als vernünftig erachtetes Maß nicht überschritten wird; jenseits dieser selbst gesteckten Grenze stellt er eigene Bedürfnisse aber eher zurück. Macht und Einfluss zu haben oder das Leben in vollen Zügen zu genießen sind Werte, die von den Teilnehmern der StifterStudie deutlich geringer geschätzt werden als von der Gesamtbevölkerung.

Hinsichtlich der Sozialstruktur verweisen die Ergebnisse auf einen Trend, der sich bereits in Untersuchungen zum bürgerschaftlichen Engagement allgemein abzeichnet. Dem Freiwilligensurvey zufolge sind die ehrenamtlich Engagierten zum überwiegenden Teil erwerbstätig, haben einen höheren Bildungsabschluss und eine höhere berufliche Position. Außerdem haben sie mehrheitlich eine hohe Kirchenbindung, was ebenfalls mit den Ergebnissen der StifterStudie übereinstimmt, die wir im folgenden Kapitel vorstellen wollen.

Herkunft, Familie, Beruf, Bildung

Unter den deutschen Stiftern, die sich an der StifterStudie beteiligt haben, befinden sich deutlich mehr Männer als Frauen. Dabei muss man berücksichtigen, dass in insgesamt 53 Fällen beide Partner eines Stifterpaares an der Umfrage teilgenommen haben. Bereinigt man die Daten um diese Doppelungen und fragt darüber hinaus, welche Stiftungen allein und welche gemeinsam mit einem Partner gegründet wurden, ergibt sich folgendes Bild. Immerhin fast ein Drittel (31 Prozent) der deutschen Stiftungen wird von einem Paar gemeinsam gegründet. In den Fällen, in denen eine einzige Person die Stiftung ins Leben ruft, handelt es sich in 71 Prozent der Fälle um einen Mann; hinter 29 Prozent der Stiftungen steht eine Einzelstifterin.

Die meisten Stifter sind verheiratet; fast die Hälfte ist kinderlos
Die bürgerlichen Werte, zu denen eine stabile Ehe gehört, manifestieren sich auch im Familienstand der deutschen Stifter: Lediglich elf Prozent sind ledig, und nur etwa drei Prozent sind geschieden. Demgegenüber sind mehr als 71 Prozent verheiratet und über elf Prozent verwitwet. Knapp drei Prozent der Stifter leben in einer festen Partnerschaft, sind aber nicht verheiratet.

Vor dem Hintergrund des hohen Prozentsatzes von Verheirateten unter den Stiftern ist der Anteil von Kinderlosen umso überraschender. 42 Prozent der Stifter geben an, keine Kinder zu haben, gegenüber 58 Prozent mit Kindern. Das sieht in der Gesamtbevölkerung vollkommen anders aus. Zwar gibt es auch hier unter jüngeren Menschen bis 45 Jahre ähnlich viele Kinderlose wie unter den Stiftern. Aber bei Menschen über 45 gibt es nur knapp 16 Prozent kinderlose Männer und weniger als 15 Prozent kinderlose Frauen (Quelle: Deutsches Institut für Wirtschaftsforschung: Kinderlose Männer in Deutschland, 2003). Der hohe Anteil von Kinderlosen unter den Stiftern verweist erneut auf den bereits angesprochenen Zusammenhang zwischen Stiftungen und Erbenlosigkeit.

Abbildung 6: Sind Kinder vorhanden?

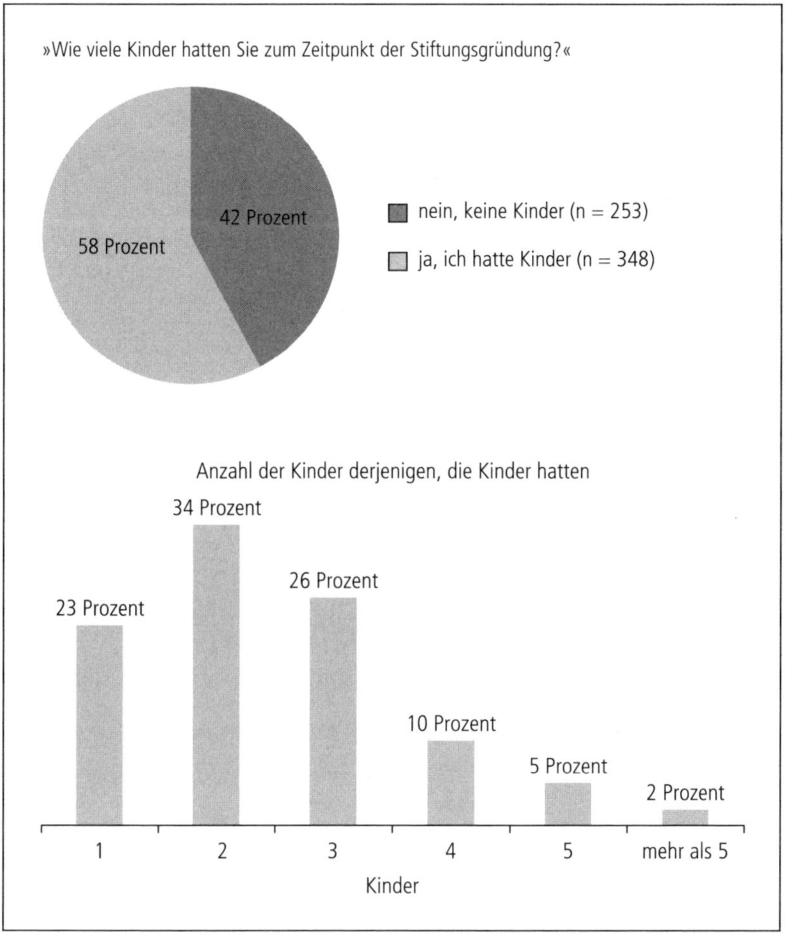

n = 601 (Tortendiagramm), n = 348 (Säulendiagramm)
Quelle: Hauptumfrage StifterStudie

Hinsichtlich der Altersverteilung bilden die Stifter im Alter von 60 bis 69 Jahren mit 34 Prozent die größte Gruppe. Die unter 45-Jährigen sind ebenso wie die über 80-Jährigen eher selten vertreten.

Bei diesen Zahlen muss man sich allerdings einer Einschränkung bewusst sein, die für jede Umfrage gilt: Generell sind jüngere Menschen eher als ältere bereit, an Fragebogenaktionen teilzunehmen. Im Hinblick auf die StifterStudie muss man daher davon ausgehen, dass die Altersverteilung verzerrt ist. Der Trend ist trotzdem deutlich: Fast 40 Prozent der Stifter sind jünger als 60 Jahre. Der Trend, dass Stifter immer aktiver und jünger werden, bestätigt sich.

Die Zahlen legen die Vermutung nahe, dass eine Stiftungsgründung häufig zu einem Zeitpunkt erwogen wird, an dem man einerseits genug Zeit hatte, ein gewisses Vermögen aufzubauen. Andererseits hat man nach dem Ausscheiden aus dem Berufsleben oft erstmals die Muße, über die gemeinnützige Verwendung des Geldes nachzudenken, sodass die Dominanz der 60- bis 69-Jährigen nachvollziehbar ist.

Außerdem beginnt man in einem gewissen Alter, über die Frage »Was bleibt?« nachzudenken. Bei Betrachtung der absoluten Zahlen der 629 Teilnehmer der StifterStudie bezüglich des genauen Alters bei der Stiftungsgründung fällt auf, dass bei oder kurz nach einigen »runden Geburtstagen« regelrechte Sprünge festzustellen sind. Es handelt sich besonders um den 50., den 60. und, am bedeutendsten, den 65. Geburtstag: 13 Umfrageteilnehmer waren 64 Jahre alt, als sie ihre Stiftung gründeten; 30 waren 65 und 29 von ihnen 66 Jahre alt;

Abbildung 7: Alter zum Zeitpunkt der Stiftungsgründung

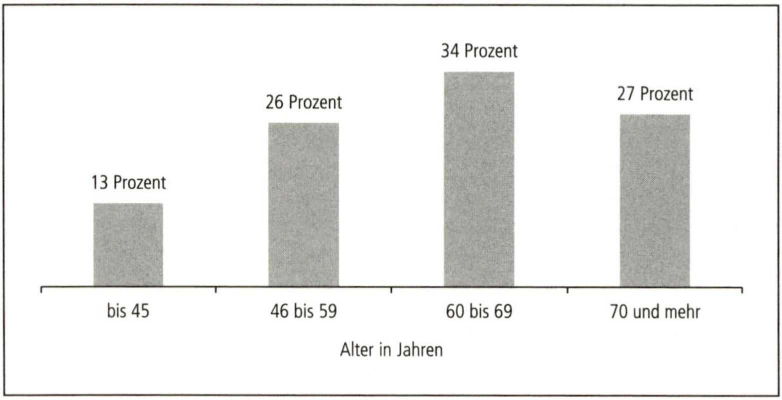

n = 573
Quelle: Hauptumfrage StifterStudie

für das 67. Lebensjahr sinkt die Zahl wieder auf 14. Bei späteren »runden« Geburtstagen ist diese Auffälligkeit nicht mehr feststellbar.

Stifter sind bürgerlicher Herkunft und gut ausgebildet

Die meisten Stifter haben einen sehr hohen Bildungsgrad. Der überwiegende Teil – 37 Prozent – hat einen Hochschul- bzw. einen Fachhochschulabschluss, beinahe 20 Prozent haben promoviert und immerhin sechs Prozent habilitiert. Elf Prozent haben Abitur, aber keinen Studienabschluss, und knapp 17 Prozent haben einen Realschulabschluss. Nur etwa acht Prozent haben einen Volks- bzw. Hauptschulabschluss und lediglich ein Prozent der befragten Stifter verfügt über gar keinen Bildungsabschluss.

Daraus ergibt sich ein Anteil von 74 Prozent mit Abitur. Vermutlich ist es nicht überraschend, dass diese Zahl beinahe deckungsgleich ist mit dem Anteil jener Stifter, die nach eigener Einschätzung aus einem großbürgerlichen Haushalt (gut 14 Prozent) oder einem bürgerlichen Haushalt stammen (etwas mehr als 62 Prozent). Nur 13 Prozent der Befragten geben an, aus einem kleinbürgerlichen Haushalt zu stammen. Der Anteil der befragten Stifter aus einem Arbeiterhaushalt ist jedoch mit zehn Prozent recht hoch.

Bildungsgrad und Herkunft sind oft entscheidende Faktoren für den beruflichen Erfolg und die Vermögenssituation. Insgesamt sind oder waren die befragten Stifter fast ausnahmslos berufstätig. Lediglich zwei Prozent von ihnen sind nie einer beruflichen Beschäftigung nachgegangen. Die mit Abstand größte Berufsgruppe unter den Stiftern bilden die Unternehmer, von denen über die Hälfte Unternehmen mit mehr als 50 Mitarbeitern führen bzw. führten. Darüber hinaus zeigt Abbildung 8, dass nahezu 13 Prozent der befragten Stifter freiberuflich tätig sind – zusammengenommen stellen selbstständig unternehmerisch tätige Menschen über die Hälfte der Stifter.

Nur ein sehr geringer Anteil von zusammen knapp fünf Prozent besteht aus selbstständigen Landwirten, Arbeitern, ausführenden Angestellten sowie einfachen und mittleren Beamten. Sportler (0,2 Prozent) und Künstler (1,8 Prozent) sind ebenfalls nur selten vertreten.

Abbildung 8: Letzte berufliche Stellung

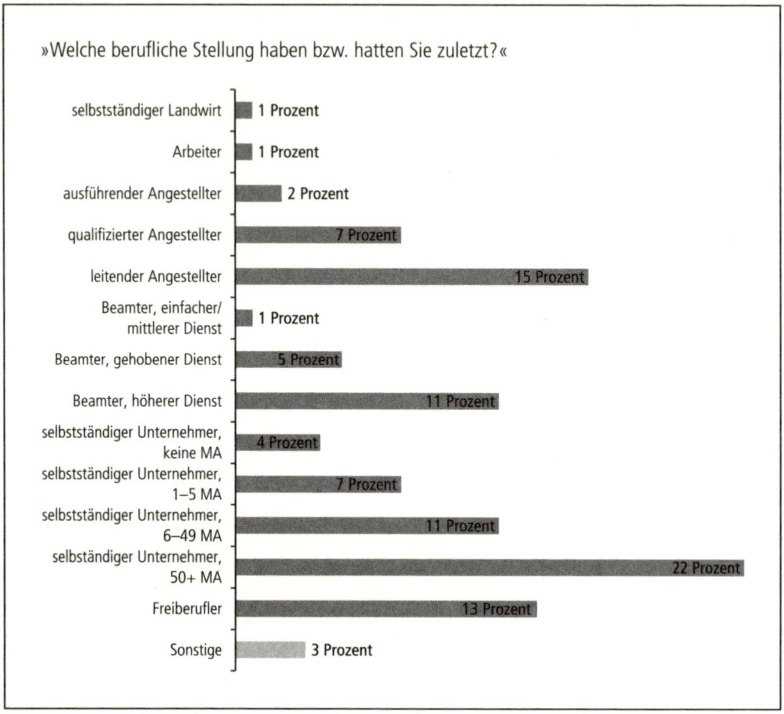

n = 551, Rundungsfehler
Quelle: Hauptumfrage StifterStudie

Unternehmer stellen die größte Gruppe

Hinsichtlich der Berufe ist ein Vergleich mit der Gesamtbevölkerung besonders interessant. Seit 1980 wird alle zwei Jahre eine Allgemeine Bevölkerungsumfrage der Sozialwissenschaften, kurz ALLBUS, durchgeführt, bei der auch nach der letzten beruflichen Stellung gefragt wird. Die Unterschiede zwischen den Stiftern und der Bevölkerung springen sofort ins Auge. In der berufstätigen Bevölkerung machen kleine und mittlere Angestellte sowie Arbeiter zusammen fast 80 Prozent aus. Bei den Stiftern kommen diese Berufsgruppen nur dann auf zehn Prozent, wenn man noch die Beamten aus dem einfachen und mittleren Dienst hinzuzählt.

Auf der anderen Seite sind in der Bevölkerung die Unternehmer mit mehr als 50 Mitarbeitern statistisch kaum messbar (weniger als ein Prozent), bei den Stiftern jedoch machen sie mit 22 Prozent die größte Gruppe aus. In der Bevölkerung gibt es jeweils etwa zwei Prozent Freiberufler und Beamte des gehobenen und mittleren Dienstes; bei den Stiftern kommen diese Berufsgruppen auf knapp 13 und 16 Prozent. Die einzige weitgehende Annäherung zwischen der Bevölkerung und den Stiftern findet sich unter den Landwirten, die in beiden Bereichen um ein Prozent ausmachen.

Es ist auffallend, dass die überwiegende Mehrheit der deutschen Stifter hinsichtlich Herkunft, Bildungsgrad und Berufstätigkeit zur gesellschaftlichen Elite des Landes zählt. Dieses Ergebnis spiegelt sich auch in den persönlichen Interviews wider. Stifter T hat sein Unternehmen »vom Vater geerbt und zum Marktführer in meiner Branche ausgebaut«. Er kümmert sich um Tierschutz, und dieses Interesse wurde ihm »bereits in die Wiege gelegt« – woraus sich dann in der Stiftungsarbeit sowohl Schwierigkeiten mit gleich gesinnten Engagierten anderer Herkunft als auch mit Menschen aus seiner eigenen Bevölkerungsschicht ergaben: »Sich als Unternehmer grün zu engagieren – da sind Sie in keinem Lager mehr drin. Schließlich weckt ein grüner Jäger mit kapitalistischem Hintergrund Misstrauen auf allen Seiten.«

Auch Herr O hat ein Familienunternehmen übernommen, das bereits der Urgroßvater gegründet hatte. Stifterin G hat ebenfalls einen »vermögenden Familienhintergrund«, ihr Vater war Bürgermeister ihrer Heimatstadt, und schon der Vater hat »immer den Leuten geholfen. Wir sind auch so erzogen worden«.

Herkunft und berufliche Position spiegeln sich schließlich auch in der Frage wider, woher das Vermögen stammt, mit dem die Stiftungen errichtet wurden. Über die Hälfte der Stifter gibt an, das Stiftungskapital zumindest teilweise aus selbstständiger unternehmerischer Tätigkeit erwirtschaftet zu haben (52 Prozent), gefolgt von der Gruppe derer, die ihr Vermögen aus einem Angestellten- oder Beamtenverhältnis bezogen haben (28 Prozent). Ein Viertel der deutschen

Stifter (25 Prozent) hat für die Stiftungsgründung aber auch eine Erbschaft oder Schenkung verwendet.

Viele Vermögende stiften – aber nicht alle Stifter sind vermögend
Auch wenn viele Stiftungen in Deutschland zunächst mit relativ geringem Kapital ausgestattet werden, ist das Privatvermögen der Stifter doch vergleichsweise hoch. 40 Prozent verfügten zum Zeitpunkt der Stiftungsgründung über ein Vermögen zwischen 250 000 und zwei Millionen Euro. Über ein Fünftel gibt sogar an, über mehr als vier Millionen Euro verfügt zu haben, während die Gruppe mit einem Vermögen zwischen zwei und vier Millionen Euro 17 Prozent ausmacht.

Die Tatsache, dass gut ein Fünftel der Befragten ein Privatvermögen von weniger als 250 000 Euro hat, zeigt allerdings, dass Stiften heute nicht mehr ein Privileg der sehr reichen Bevölkerungsschichten ist. Im Gegenteil: Gerade in den letzten Jahren ist stifterisches Engagement auch für Menschen attraktiv geworden, die

Abbildung 9: Privatvermögen zum Zeitpunkt der Stiftungsgründung

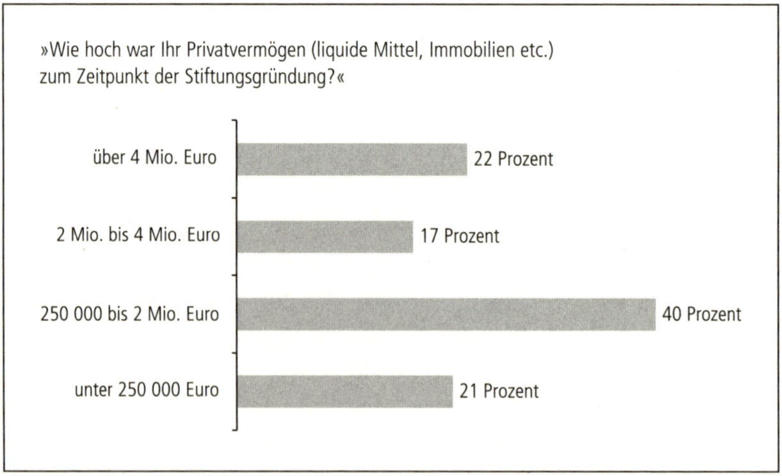

n = 505
Quelle: Hauptumfrage StifterStudie

ihre Stiftung nur mit kleinen Beträgen ausstatten können. Bekannt war bislang, dass sich dieses Engagement vor allem in den Gemeinschafts- und Bürgerstiftungen niederschlug. Die Daten der StifterStudie belegen nunmehr, dass es auch viele selbstständige Stiftungen gibt, deren Stifter nicht über erhebliche private Mittel verfügen.

Die Tatsache, dass Stiftungen immer stärker auch von Menschen genutzt werden, die gut situiert, aber nicht wirklich reich sind, ist angesichts der gegenwärtigen Entwicklung der Vermögensverteilung in Deutschland besonders bedeutsam. Denn nach den Analysen des Marktforschungsinstituts datamonitor wächst diese Bevölkerungsgruppe stetig. Bereits heute verfügen 6,9 Millionen Bundesbürger über ein disponibles Vermögen zwischen 50 000 und 300 000 Euro. Diese Zahl wird jedes Jahr um fünf Prozent steigen und 2007 voraussichtlich 8,6 Millionen erreichen. Die Zahl der heute 840 000 Bürger mit einem verfügbaren Vermögen von mehr als 300 000 Euro wird in den nächsten Jahren sogar um jeweils neun Prozent steigen (vgl. datamonitor 2004).

Dem Stiftungssektor eröffnen sich angesichts dieser Entwicklungen große Chancen. Wenn einerseits die Anzahl der Menschen mit mittleren Vermögen wächst und andererseits immer mehr dieser Bürger eine Stiftungsgründung in Betracht ziehen, sind beste Voraussetzungen für ein zahlenmäßiges Wachstum gegeben. Die Herausforderung wird eher darin liegen, diesen Stiftern Angebote zu machen, die es ihnen erlauben, die vergleichsweise geringen Summen effektiv und effizient einzusetzen. Nicht zuletzt aus dieser Herausforderung leitet sich die besondere Bedeutung von Infrastrukturangeboten für Stifter ab, wie das Kapitel »Maßnahmen zur weiteren Förderung des Stiftungsgedankens« unterstreicht.

Die »Stifter-Hochburgen« liegen in Süddeutschland und in Hamburg

Bayern und Baden-Württemberg allein stellen fast die Hälfte aller Stifter, die an der Studie teilgenommen haben. 163 Bayern, das sind 29 Prozent aller Befragten, und 101 Baden-Württemberger (18 Prozent) sind unter den Stiftern vertreten. Die Flächenstaaten Nordrhein-Westfalen und Hessen belegen mit 15 bzw. acht Prozent der Stifter die nächsten Plätze.

Bezogen auf die Einwohnerzahl ist die Stifterquote allerdings nicht in den Flächenstaaten am höchsten, sondern in der Hansestadt Hamburg, deren Ruf als deutsche Stiftungshauptstadt durch die Studie bestätigt wird. Während die Hamburger nur zwei Prozent der Bundesbürger ausmachen, stellen sie sieben Prozent der deutschen Stifter; also ein Verhältnis von 1 zu 3,5. Zum Vergleich: mit 15 Prozent Bevölkerungs- und 29 Prozent Stifter-Anteil erreicht Bayern ein Verhältnis von 1:2 und Baden-Württemberg von 1 : 1,5 (12,5 Prozent der Bevölkerung, 18 Prozent der Stifter).

Betrachtet man die weitere regionale Verteilung, folgen auf Hamburg wiederum zwei Flächenstaaten, aus denen jeweils sechs Prozent der Stifter stammen: Niedersachsen und Rheinland-Pfalz, gefolgt von Berlin mit vier Prozent, Bremen (sieben Personen, ein Prozent) und dem Saarland (vier Personen).

Der Anteil von Stiftern aus Sachsen, Mecklenburg-Vorpommern, Brandenburg und Sachsen-Anhalt liegt mit jeweils weniger als drei Personen bei unter einem Prozent. Die Vermutung liegt nahe, dass der Grund für diesen geringen Anteil weniger in der mangelnden Bereitschaft, sondern primär in den fehlenden Voraussetzungen liegt. Offensichtlich hat die wirtschaftliche Entwicklung der letzten Jahre noch nicht ausgereicht, um in den neuen Bundesländern hinreichend Vermögen in privater Hand aufzubauen.

Die meisten Stiftungen werden zu Lebzeiten gegründet

Ein besonders auffälliger Befund der StifterStudie ist grundsätzlicher Natur: Die meisten deutschen Stifter gründen ihre Stiftung »inter vivos«, zu Lebzeiten also. Hier liegt einer der grundsätzlichen Unterschiede zwischen den heutigen Stiftern und ihren mittelalterlichen – oder auch neuzeitlichen – Vorfahren: Über Jahrhunderte hinweg dienten Stiftungen vor allem dazu, den persönlichen Nachlass von

Todes wegen zu ordnen, sodass die Stiftungen per Testament errichtet wurden.

Heute dagegen werden Stifter zu Lebzeiten tätig, um die Gelegenheit zu haben, die Stiftung noch aktiv mitgestalten zu können. Stellvertretend für viele andere formuliert Stifter B: »Hinter dem Entschluss, frühzeitig tätig zu werden, steckt mein Bedürfnis, dass ich diese Stiftung präge, weil ich sicherstellen will, dass die Stiftung in meinem Sinne funktioniert.«

Leider bietet die StifterStudie selbst keine Daten, mit denen sich das Verhältnis zwischen den Gründungen von Todes wegen und den Errichtungen von Lebenden bestimmen lässt. Anhaltspunkte zu dieser Frage ergeben sich allerdings aus zwei Untersuchungen, deren Ergebnisse im Folgenden kurz dargestellt werden sollen.

Unter Federführung des Bundesministeriums der Justiz tagte von Juli 2000 bis Oktober 2001 die so genannte Bund-Länder-Arbeitsgruppe Stiftungsrecht, die den Reformbedarf auf dem Gebiet des Stiftungsprivatrechts untersuchte. Um sich einen Überblick über die Situation der bestehenden Stiftungen zu verschaffen, führte die Kommission eine Umfrage unter den Stiftungsaufsichtsbehörden der Bundesländer durch. Da diese für treuhänderische Stiftungen nicht zuständig sind, beziehen sich die Ergebnisse der Umfrage nur auf selbstständige Stiftungen (vgl. Bund-Länderarbeitsgruppe, 2001, S. 13 f.).

Von diesen wurden im Zeitraum 1990 bis 2000 insgesamt 4332 gegründet. Bei 3633 Stiftungen lagen darüber hinaus Angaben zu der Frage vor, ob die Gründung von Todes wegen (446 Fälle) oder inter vivos (3187 Fälle) erfolgte. Daraus allerdings wie die Arbeitsgruppe zu folgern, dass nur 12 Prozent der Stiftungen in Deutschland von Todes wegen gegründet werden, ist vorschnell. Denn unter den Stiftern der 3633 Stiftungen sind natürlich auch zahlreiche Unternehmen, Sparkassen, Vereine und andere juristische Personen.

Bereinigt man die Grundgesamtheit um diese Stiftungen, bleiben 1475 Stiftungen, die laut der Datenbank des Bundesverbandes Deutscher Stiftungen zwischen 1990 und 2000 von natürlichen Personen gegründet worden sind. Bezieht man die 446 testamentarischen

Gründungen auf diese Gesamtzahl, kommt man zu dem Ergebnis, dass 30 Prozent der Stifter zwischen 1990 und 2000 ihre Stiftung von Todes wegen gegründet haben.

Die Daten des Bundesverbandes Deutscher Stiftungen bestätigen den Trend, dass immer mehr Stifter ihre Stiftung bereits zu Lebzeiten gründen, ganz eindeutig. Die Erhebung, mit der der Bundesverband Deutscher Stiftungen 2003/2004 seine Daten aktualisiert hat, enthielt erstmals die Frage, ob die Stiftung von Lebenden oder von Todes wegen gegründet worden ist.

Insgesamt wurde die Frage von 1027 Stiftungen beantwortet, die seit 1990 gegründet worden sind (Stand Mai 2004). Von diesen 1027 gaben 148 an, dass die Gründung per Testament erfolgte, während 879 noch zu Lebzeiten des Stifters errichtet wurden. Das Ergebnis fällt hier also noch eindeutiger aus, als im Fall des Berichts der Bund-Länder-Arbeitsgruppe. Folgt man den Daten des Bundesverbandes, machen die testamentarischen Gründungen gerade einmal 14 Prozent unter den Stiftungen von natürlichen Personen aus.

Da man die Daten des Bundesverbandes auch nach Jahren aufschlüsseln kann, erlauben sie darüber hinaus, die Entwicklung im Zeitverlauf nachzuvollziehen. Das Ergebnis ist wiederum deutlich: Während das Verhältnis zwischen Stiftungen von Todes wegen und Stiftungen inter vivos zwischen 1990 und 1996 stets etwa eins zu vier beträgt, kippt die Entwicklung gegen Ende der 90er Jahre. 1999 und 2000 ist das Verhältnis eins zu sieben (10 von Todes wegen, 72 inter vivos bzw. 11 zu 72); 2001 liegt das Verhältnis jeweils bei eins zu neun (13 zu 116).

Erfahrungen von Dienstleistern

Die wachsende Zahl lebender Stifter wird schließlich auch von unterschiedlichen Dienstleistern bestätigt; allen voran vom Stifterverband für die Deutsche Wissenschaft, der bereits seit über 80 Jahren Stifter betreut. Nach Auskunft der Stiftungsberater vom Stifterverband hat sich das Verhältnis von lebenden und testamentarischen Stiftern im Laufe der vergangenen Jahrzehnte verkehrt: Kamen vor 30 Jahren auf einen lebenden Stifter noch neun testamentarische Stiftungen, so ist das Verhältnis heute genau andersherum.

Interessanterweise können die Banken diesen Trend unter ihren Kunden nicht beobachten. Gerade die Stiftungsabteilungen der Großbanken, die zum Teil mehrere hundert Stiftungen verwalten, berichten, dass ein Großteil der von ihnen betreuten Stiftungen nach wie vor von Todes wegen gegründet wird.

Auf der anderen Seite wiederum gibt es auch Dienstleistungsangebote, die sich sehr gezielt nur an lebende, aktive Stifter richten. Stiftungszentren wie etwa der Kinderfonds in München bieten Stiftern die Möglichkeit, ihre Stiftung als Plattform für ein Engagement zu nutzen. Unter den inzwischen fast 100 Stiftungen im Kinderfonds sind testamentarische Gründungen daher die Ausnahme.

Was sind die Werte der Stifter?

Stifter sind leistungsbereit und kreativ

Jeder Mensch hat bestimmte Werte, die sein Leben und sein Verhalten bestimmen. Charakteristisch für die Stifter, die an der Umfrage teilgenommen haben, sind eine hohe Wertschätzung von Leistung einerseits und von Phantasie und Kreativität andererseits – eine Mischung, die sich in vielen Stiftungen beobachten lässt. Als wichtig erachten es Stifter darüber hinaus, sozial Benachteiligten zu helfen. Dies stimmt wiederum mit den Ergebnissen des Freiwilligensurveys überein, wo die Werte »Phantasie und Kreativität« sowie »Hilfe für sozial Benachteiligte« bei besonders stark Engagierten wesentlich stärker ausgeprägt sind als beim Durchschnitt der Befragten (vgl. Freiwilligensurvey 1999, S. 57 f.).

Interessant ist auch hier wieder ein Vergleich mit der letzten Allgemeinen Bevölkerungsumfrage der Sozialwissenschaften (ALLBUS) aus dem Jahr 2002. Um einen Vergleichsmaßstab zu gewinnen, enthielt der Fragebogen der StifterStudie exakt die Fragen, mit denen im ALLBUS Lebensziele und Wertvorstellungen erfragt wurden. Die

Abbildung 10: Lebensvorstellungen:
Stifterstudie und Gesamtbevölkerung im Vergleich

»Jeder Mensch hat bestimmte Vorstellungen, die sein Leben und Verhalten bestimmten. Wenn Sie einmal daran denken, was Sie in Ihrem Leben eigentlich anstreben: Wie wichtig sind dann die folgenden Dinge für Sie persönlich?«

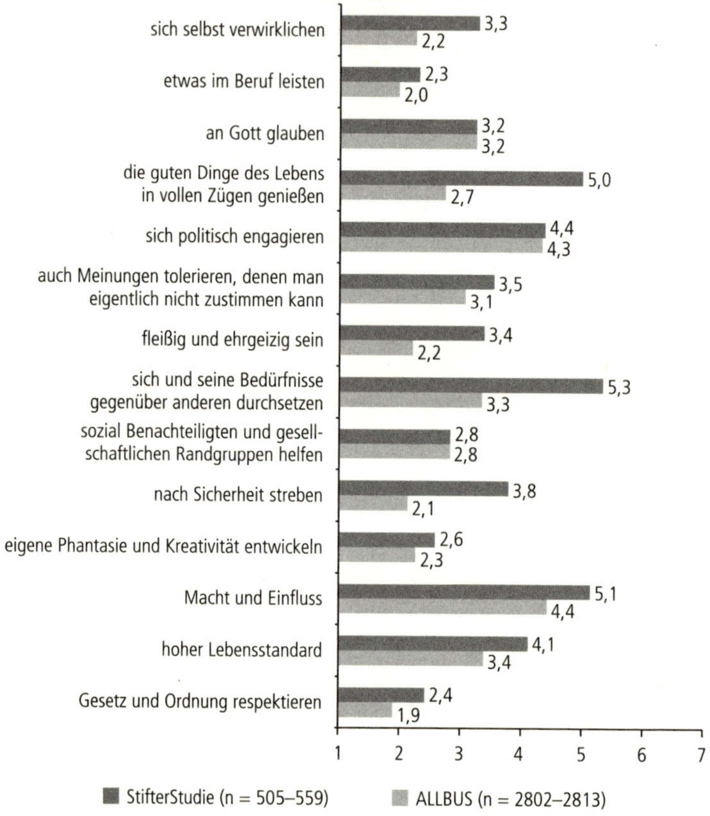

Mittelwerte einer Siebener-Skala (1 = außerordentlich wichtig, 7 = unwichtig)
Quelle: Hauptumfrage Stifterstudie; ALLBUS 2002

Gegenüberstellung in Abbildung 10 macht deutlich, dass jede Einzelne dieser Lebensvorstellungen von der Gesamtbevölkerung für wichtiger gehalten wird als von den befragten Stiftern, mit Ausnahme des »Helfens sozial Benachteiligter«, wo die Werte identisch sind.

Mit Blick auf die Wertschätzung von Leistung im Beruf (hoch), Phantasie und Kreativität (hoch) sowie von politischem Engagement (niedrig) ist der Unterschied gering, bei anderen Wertvorstellungen aber gravierend: Der Gesamtbevölkerung ist es durchaus wichtig, sich selbst zu verwirklichen, fleißig und ehrgeizig zu sein, nach Sicherheit zu streben, die guten Dinge des Lebens in vollen Zügen zu genießen sowie sich und seine Bedürfnisse gegenüber anderen durchzusetzen. Die befragten Stifter legen auf diese Ziele deutlich weniger Wert.

Macht und Einfluss sowie ein hoher Lebensstandard genießen sowohl bei der Bevölkerung wie auch bei den Stiftern nicht oberste Priorität; im direkten Vergleich dieser beiden Gruppen sind diese Ziele der Gesamtbevölkerung jedoch wichtiger als den Stiftern.

Religion ist vielen Stiftern wichtig

Während in der Bevölkerung der Anteil der religiösen Menschen immer weiter zurückgeht, spielt Religion für die Stifter eine erhebliche Rolle, wie Abbildung 11 zeigt. Mehr als zwei Drittel der befragten Stifter bezeichnen sich selbst als religiös.

Trotz der insgesamt höheren Bedeutung der Religiosität unterscheidet sich die Verteilung der Konfessionen nicht grundsätzlich vom Durchschnitt der Bevölkerung. (vgl. Abbildungen 11 und 12) Einzig die Zahlen derer, die einer anderen Religionsgemeinschaft angehören, divergieren. Betrachtet man die absoluten Zahlen, gehören fast alle der 3,5 Prozent einer anderen christlichen Religionsgemeinschaft an, etwa diversen Freikirchen, Kopten, Presbyterianern. Aber es gibt nur drei Buddhisten und einen einzigen Muslim unter den befragten Stiftern, wohingegen der muslimische Anteil an der Gesamtbevölkerung knapp fünf Prozent beträgt.

Abbildung 11: Religiosität der Stifter

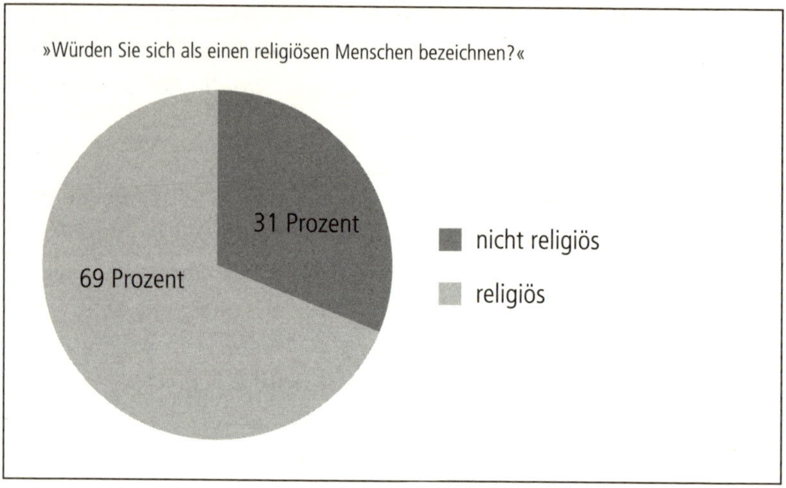

n = 569
Quelle: Hauptumfrage StifterStudie

Abbildung 12: Religionszugehörigkeit

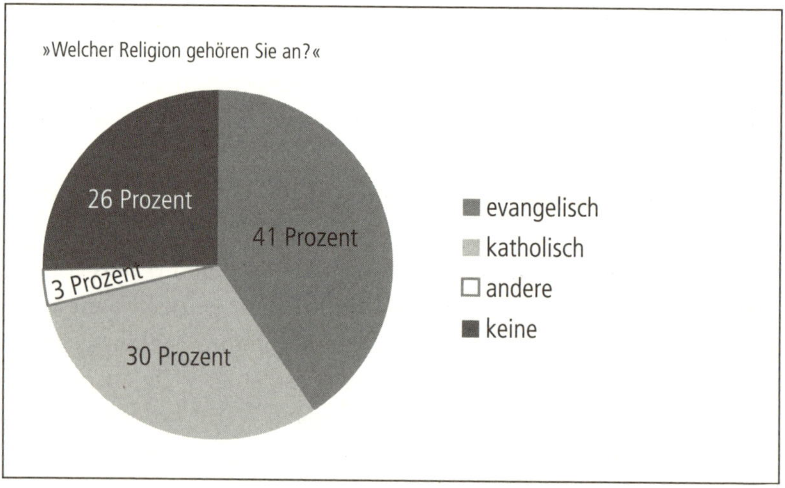

n = 611
Quelle: Hauptumfrage StifterStudie

Auch für Religion und Konfession gilt im Übrigen die Feststellung aus der Einleitung dieses Kapitels: Weder die Religiosität noch die Konfessionszugehörigkeit finden in den Zwecken und Inhalten der Stiftungen einen Niederschlag. Auffallend ist allerdings, dass angesichts des hohen Anteils von religiös geprägten Stiftern die Religion nur vergleichsweise selten als Motiv für die Stiftungsgründung angegeben wird: Nur 28 Prozent der Stifter bestätigten, dass die Stiftungsgründung durch ihre religiöse Überzeugung motiviert war. Dies war zum Beispiel auch der Fall bei Stifter O, für den »der Glaube eine starke Triebfeder« im Leben und auch in den Stiftungsaktivitäten ist: »Ich fühle mich beobachtet, von oben.«

Soziales Engagement ist befriedigender als Konsum

Mit knapp 92 Prozent Zustimmung sind die Stifter fast einhellig der Meinung, dass man sich für das Gemeinwohl engagieren sollte, wenn man über die entsprechenden finanziellen Möglichkeiten verfügt. Stifter fühlen sich der Gesellschaft verpflichtet: Die Aussage »Eigentum verpflichtet« unterstützen die Befragten ebenso wie die Auffassung, dass Stifter keine persönlichen Vorteile aus ihrem gemeinnützigen Engagement ziehen sollten. In der Regel finden die Stifter gemeinnütziges Engagement persönlich befriedigender als Konsum.

Ergänzend zur StifterStudie haben wir diese Aussagen über Wohlstand und gemeinnütziges Engagement in einer gesonderten Umfrage auch der Gesamtbevölkerung vorgelegt. Abbildung 13 zeigt die Ergebnisse in einer Gegenüberstellung.

Der Vergleich ergibt ein ähnliches Bild wie bei der Frage nach den Wertvorstellungen in der ALLBUS-Umfrage: Ohne dass alle Stifter über die Maßen altruistisch gesinnt wären, macht der Vergleich deutlich, dass ihre Orientierung am Gemeinwohl wesentlich stärker ausgeprägt ist als in der Gesamtbevölkerung: »Eigentum verpflichtet« meinen nur 62 Prozent der Bevölkerung, und gemeinnütziges Engagement ist lediglich für 46 Prozent befriedigender als Konsum. Hingegen finden 27 Prozent der Bevölkerung, dass man seinen Kin-

Abbildung 13: Wohlstand und gemeinnütziges Engagement – Stifter und Gesamtbevölkerung im Vergleich

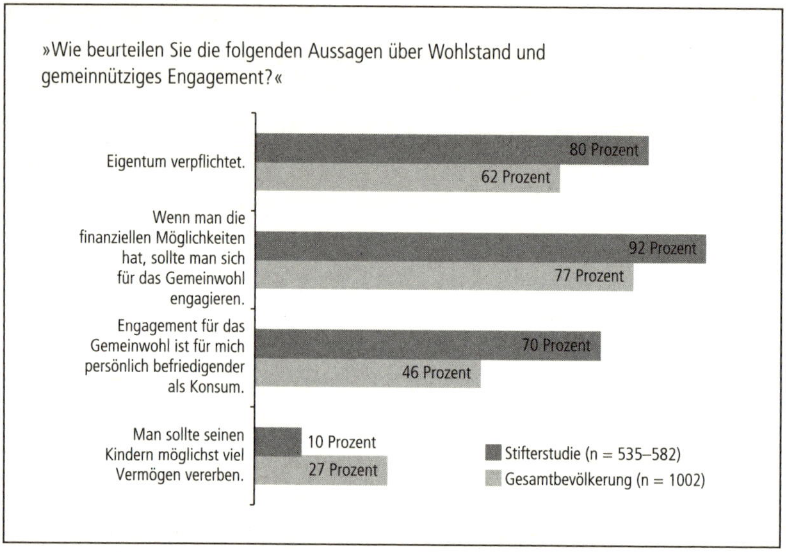

Zusammengefasste Antworten »trifft voll zu« und »trifft eher zu« auf einer Fünfer-Skala
Quelle: Hauptumfrage und Bevölkerungsumfrage StifterStudie

dern möglichst viel Vermögen vererben soll, womit nur zehn Prozent der Stifter übereinstimmen.

Warum wählen Stifter die Rechtsform der Stiftung?

Die gemeinnützigen Ziele, die in den vorangegangenen Kapiteln dargestellt worden sind, hätten die Stifter natürlich auch erreichen können, ohne eine Stiftung zu gründen. Um etwas zu bewegen, um ein soziales Problem anzugehen oder um gesellschaftliche Verantwortung wahrzunehmen, gibt es noch viele andere Möglichkeiten. Zum Beispiel könnte man einen Verein ins Leben rufen oder eine bereits bestehende Organisation mit einer Spende unterstützen.

Warum also entscheiden sich Menschen dafür, ihr Engagement in Form einer Stiftung zu organisieren? Was ist – in den Augen der

Abbildung 14: Gründe für die Errichtung einer Stiftung

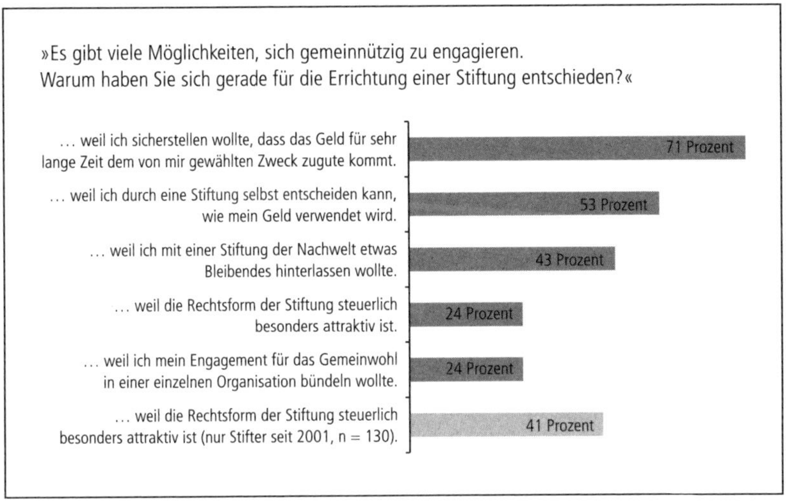

n = 628–629, Mehrfachnennungen möglich
Quelle: Hauptumfrage StifterStudie

Stifter – das Besondere an dieser Rechtsform? Die Antworten auf diese Frage hat der Stifter A im persönlichen Interview am prägnantesten zusammengefasst: »Ich wollte etwas Sinnvolles, Eigenes und Bleibendes schaffen.« Nimmt man zu dieser Aussage noch die steuerliche Privilegierung dazu, sind die ausschlaggebenden Faktoren für eine Stiftungsgründung genannt, wie Abbildung 14 belegt.

Nachhaltigkeit und Ewigkeit

Die Gewissheit, dass sie mit einer Stiftung ihr Engagement auch über den eigenen Tod hinaus verlängern können, ist für die meisten Stifter das zentrale Motiv für die Entscheidung, eine Stiftung und nicht etwa einen Verein zu gründen. »Wir wollten«, so etwa das Stifterpaar S, »unser Engagement von menschlichen Zufällen, also Lebensschicksalen ablösen.« Für sie ist die Stiftung das ideale Mittel, »um die Fortwirkung unseres Gedankens und unseres Tuns zu sichern«.

Ganz ähnlich äußert sich Herr K: »Ich wollte mein Engagement unsterblich machen, dass es über meinen Tod hinaus als Stiftung erhalten bleibt. Älter werdend wollte ich das alles institutionalisieren – also unabhängig machen von meiner Person, sodass nicht irgendwelche raffgierigen Erben von meinen Zielen ganz abgehen. Man kann die Stiftung eben nicht mehr auflösen.« Auch für Stifter T ist »die Stiftung ein wunderbares Instrument, um das Gefühl zu haben, dass das einen Sinn macht, der die Tage überdauert«.

Das Argument der Nachhaltigkeit gewinnt gerade im Vergleich zum Spenden an Bedeutung. Immerhin zwei Drittel der Stifter gaben an, dass sie sich vor der Stiftungsgründung bereits als Spender betätigt hatten. Umso bedeutsamer ist der bewusste Schritt hin zur Stiftung.

So äußert das Stifter-Ehepaar C: »Spenden ist oft etwas sehr Zufälliges – das macht man mal, dann macht man's wieder nicht. Dann sagt man sich: Ich schmeiß den ganzen Papierkram weg; das ist ja unerträglich, wer da so alles kommt; man weiß nicht, wie viele davon sind Betrüger, wie viele sind Organisationen, die schon im Geld ertrinken. Die Stiftung hat halt etwas Dauerhaftes, da kann man wirklich Projekte in Angriff nehmen.«

Im Gegensatz dazu behagt vielen Stiftern der kurzfristige Charakter einer Spende nicht, so Stifterin R: »Bei einer Spende wäre das Geld ja weg!« Dieser Gesichtspunkt ist vielen Stiftern wichtig: Sie vertrauen darauf, dass ihr Geld nicht nur einmal Wirkung erzeugt, sondern immer wieder. Gerade weil das Vermögen jedes Jahr wieder Erträge generiert, sind Stiftungen in der Lage, Risiken einzugehen, wie Frau D unterstreicht: »Wenn ich sonst mein Geld in irgendeine Sache gebe und das geht den Bach runter, ist alles weg. Wenn ich aber immer nur bestimmte Initiativen mit dem Gewinn unterstütze, dann habe ich ein bisschen Auswahl, und wenn es dann mal den Bach runtergeht, dann ist nächstes Jahr wieder eine neue Rendite da, die kann ich wieder ausschütten« – und ein neues Projekt unterstützen.

Ungeachtet dieser Aussagen und Befunde sollte man nicht übersehen, dass für immerhin fast ein Drittel der Stifter (29 Prozent) das Argument der Nachhaltigkeit nicht von Bedeutung war. Für sogar über die Hälfte spielt der Gedanke an die Hinterlassenschaft an die Nachwelt keine Rolle. Unter diesen Stiftern finden sich vor allem solche Personen, die mit ihrer Stiftung ein ganz konkretes Problem lösen möchten; oft motiviert durch einen Schicksalsschlag. In diesen Fällen wollen Stifter wie Herr E und Herr F im »Hier und Jetzt« etwas bewegen; die Aktivitäten und die Perspektive der Stiftung sind daher »sehr stark orientiert auf das Diesseits, während das Jenseits keine Rolle spielt«.

Kontrolle über die Verwendung der Mittel
Ein besonders wichtiger Gesichtspunkt beim Entschluss, das eigene Engagement in Form einer Stiftung zu betreiben, ist die Kontrolle über die Mittel. Dieser Gesichtspunkt zieht sich wie ein roter Faden durch die Umfrage und die Interviews: Stifter wollen sich für die Gesellschaft einsetzen – aber sie wollen selbst entscheiden, wo ihr Engagement gebraucht wird und wie sie helfen wollen.

Dies unterscheidet die eigene Stiftung zum einen vom Steuernzahlen – Steuern sind anonym und dienen mitunter für Dinge, die man nicht unterstützen möchte. So sagt Stifter E im Interview: »Ich möchte nicht, dass der Staat mit meinem Geld etwas macht, was ich gar nicht will, was ich gar nicht beeinflussen kann. Dann soll es lieber in die Stiftung gehen, denn dann geht es in die Richtung, die mir behagt.« Ganz ähnlich geht es Stifter K: »Was mir so bedeutsam daran ist, ist dass ich sehe, wen ich auszeichne, dass ich es freiwillig tue und dass ich es gezielt auf den Punkt tun kann und nicht anonym über Steuerabgabe etwas unterstütze, was Politiker damit anfangen.«

Auf der anderen Seite widerstrebt es vielen Stiftern, ihr Geld an die großen Wohlfahrtsorganisationen zu geben. So ging es auch Herrn K, der keine »großen Verbände mit hohen Verwaltungskosten unterstützen möchte, sondern selbst gestalten will«.

Dieses Motiv taucht in den persönlichen Interviews häufig und teilweise in drastischer Form auf. Stifter O hat besonders schlechte Erfahrungen gemacht. Er hatte sich schon lange vor der Stiftungsgründung bei einer der großen Wohltätigkeitsorganisationen engagiert, und es gab bereits konkrete Pläne, dass er nach dem Ende seiner Unternehmer-Karriere dort im Management einsteigen sollte.

Davon abgeschreckt hat ihn dann aber die Enttäuschung über die hohen Verwaltungskosten, vor allem aber die Einsicht in die Tatsache, dass diese Organisation finanziell sehr privilegiert ist: »Die brauchen dein Geld gar nicht«, war daher der Schluss von Herrn O.

Bei einem weiteren großen gemeinnützigen Verband stieß er auf »Reibungsverluste und Missmanagement« und sagt heute: »Ich traue niemandem mehr von diesen ganzen Organisationen. Minimum zwei Drittel aller Organisationen verplempern da viel, viel Geld, ohne es zu merken, weil die falschen Leute da sitzen, die keine Ahnung haben von betriebswirtschaftlichen Zusammenhängen.«

Nach seiner Entscheidung, eine eigene Stiftung zu gründen, konnte er feststellen, dass »Tausende von anderen Menschen genau so denken wie ich selbst. Die trauen keiner gemeinnützigen Organisation, weil sie genau dieselben Erfahrungen gemacht haben wie ich. Es gibt viele, die sagen jetzt auch genau wie ich: Das möchte ich schon selbst mitentscheiden.«

Zu diesen Menschen gehört auch Herr M: »Ich habe ein Unternehmen aufgebaut und damit etwas erworben – und jetzt gebe ich das Geld einem anderen und der zieht da noch 30 Prozent für seine Verwaltung ab? Der Gedanke würde mich vorzeitig ins Grab treiben. Da mach ich es lieber selbst.«

Die Attraktivität einer Stiftung liegt daher für viele Stifter darin, dass sie eine Plattform für ein selbst bestimmtes Engagement bietet mit der Möglichkeit, selbst Schwerpunkte zu setzen, Projekte zu initiieren und Empfänger zu prüfen. Dieser Befund spiegelt sich in zahlreichen weiteren Ergebnissen sehr deutlich wider. So betonen sage und schreibe 90 Prozent der Stifter, dass sie bei der Entscheidung über die Vergabe der Stiftungsmittel besonderen Wert darauf legen, dass sie persönlich beurteilen können, was bzw. wen die Stiftung fördert.

Hier liegt eben der entscheidende Unterschied zu einem Engagement etwa in einem Verein. Denn hier hat man, wie Stifter A aus eigener Erfahrung weiß, »keine Kontrolle über die Verwendung der Mittel, und das gilt sogar für Vereine, in denen ich selbst Mitglied oder gar im Vorstand bin«.

Unmittelbarkeit und Fokussierung des Engagements

Viele Stifter möchten mit ihrem Engagement zur Lösung oder Linderung eines Problems beitragen, das ihnen persönlich am Herzen liegt. Oder sie wollen etwas fördern, was sie schon immer besonders interessiert hat, wie zum Beispiel ein bestimmtes Forschungsfeld oder eine bestimmte sportliche Disziplin. Und vor allem möchten sie selbst beteiligt sein, wie Frau R verdeutlicht: »Ich möchte nicht einfach nur einen Scheck schreiben; ich möchte selbst am Ball sein und Dinge gestalten.« Das sinnliche Erlebnis des Helfens hat eine immens hohe Bedeutung.

Darüber hinaus spiegelt die eigene Stiftung auch die eigene Identität wider. Als Stifter schafft man ja seine eigene Organisation und kann sie der eigenen Persönlichkeit anpassen. Wer im Gegensatz dazu einer bereits existierenden Organisation beitritt, muss sich dieser Organisation anpassen. Frau G sagt zu ihren Erfahrungen als Stifterin: »Man kann eigen sein, ein bisschen verrückt sein, ein bisschen eigenartig sein, aber man kann das tun, wo man meint, da ist Hilfe notwendig.«

Wie Abbildung 14 zeigt, gibt ein Viertel der Stifter an, dass sie mit der Gründung einer Stiftung ihr Engagement für das Gemeinwohl in einer einzelnen Organisation bündeln wollten. Stifterin D etwa grenzt sich bewusst ab von ihrer Schwester, denn die »spendet mal hierfür und mal dafür – ich denke, sie zerflieselt sich, das wollte ich eben nicht. Ich wollte das schon zentrieren, das sollte schon einen Punkt haben, eine gemeinsame Überschrift. Es ist unmittelbarer – ich habe jetzt das Gefühl, dass ich unmittelbar sehe, wo geht das Geld hin, und dass ich entscheiden kann, da möchte ich so und so viel hingeben.«

Interessanterweise scheint die beabsichtigte Bündelung der Aktivitäten in einer einzigen Organisation nicht in jedem Fall zu gelingen. Denn eine erfolgreiche Bündelung müsste dazu führen, dass das Engagement außerhalb der Stiftung nachlässt. Dies ist jedoch nach unseren Ergebnissen nicht der Fall. 82 Prozent der Stifter waren bereits vor der Stiftungsgründung gemeinnützig aktiv; davon

65 Prozent durch ehrenamtliche Arbeit und 80 Prozent als Spender. Nach der Gründung sinkt der Anteil derer, die sich über die eigene Stiftung hinaus noch anderweitig engagieren, von 82 auf 74 Prozent; davon 58 ehrenamtlich und 79 Prozent durch Spenden.

In der Umfrage wurde nicht erhoben, ob sich das Engagement außerhalb der Stiftung in einem ähnlichen oder ganz anderen Zweckbereich bewegt. Festzuhalten bleibt trotzdem zweierlei: Erstens wird das Vorhaben, die Aktivitäten zu bündeln, bei weitem nicht immer erfolgreich oder zumindest nicht immer vollständig umgesetzt. Zweitens belegen die Zahlen, dass gemeinnütziges Engagement für die Stifter eine äußerst große Rolle spielen muss, denn schließlich bedeutet bereits eine Stiftung ein erhebliches finanzielles und oft auch zeitliches Engagement, zu dem bei vielen noch Aktivitäten außerhalb der eigenen Stiftung treten.

Steuerliche Gründe

Wer Geld spendet oder stiftet, kann seine Zuwendung steuerlich geltend machen. Der Staat gibt Stiftern und Spendern die Möglichkeit, ihr zu versteuerndes Einkommen innerhalb bestimmter Grenzen um die Höhe der Zuwendung zu verringern. Dahinter steht die Überlegung, dass diese Mittel ja auch dem Gemeinwohl zugute kommen, nur eben über einen anderen Weg als den der staatlichen Umverteilung.

Bis ins Jahr 2000 wurden Zuwendungen an Stiftungen steuerlich genauso behandelt wie zum Beispiel Spenden an einen Verein. Seit 2000 hat sich dies verändert. Mit der Reform des Stiftungssteuerrechts hat der Gesetzgeber Stiftungen privilegiert in dem Sinne, dass die Errichtung einer Stiftung steuerlich wesentlich attraktiver ist als eine Zuwendung an andere gemeinnützige Rechtsformen.

Die Ergebnisse der Studie belegen, dass diese Reform eine erhebliche Lenkungswirkung hatte. Legt man alle befragten Stifter zugrunde, so geben 24 Prozent an, dass sie die Rechtsform gewählt haben, weil sie steuerlich besonders attraktiv ist. Allerdings ist diese Zahl irreführend – schließlich besteht die steuerliche Attraktivität erst seit 2000. Betrachtet man nur die Stifter, die seit der Reform gegründet haben, wird die Bedeutung der Steueranreize deutlich: Für immerhin 41 Prozent spielte der steuerliche Gesichtspunkt eine ausschlaggebende Rolle. Die Zustimmung zu den anderen Motiven verändert sich durch die Einschränkung auf die Stifter seit 2001 hingegen kaum.

Auch in den persönlichen Interviews tauchen steuerliche Beweggründe immer wieder auf. Das Stifterpaar S macht keinen Hehl aus der Tatsache: »Gäbe es die Privilegierung der Stiftung im steuerlichen Sinne nicht, dann wären wir sicherlich nicht so schnell dazu gekommen, diese Rechtsform zu wählen.«

Viele Stifter wünschen sich noch mehr staatliches Entgegenkommen. Stifter U etwa empfand bei seiner Stiftungsgründung »das Finanzamt eher hinderlich« und meint: »Der Staat müsste noch mehr tun mit Steueranreizen, um bürgerschaftliches Engagement zu fördern.« In der Umfrage geben immerhin 33 Prozent der Stifter an, sich finanziell noch stärker engagieren zu wollen, wenn noch mehr steuerliche Vergünstigungen für Stifter eingeführt werden sollten. Allein die Zunahme des eigenen Haushaltsvermögens ist mit gut 37 Prozent noch stärker vertreten, wenn nach möglichen Gründen für eine Steigerung des finanziellen stifterischen Engagements gefragt wird (siehe Abbildung 20).

Bevor Stiftungen allerdings noch weiter gegenüber anderen Rechtsformen privilegiert werden, muss man die Frage beantworten, wem die Lenkungswirkung der Stiftungssteuerreform eigentlich zugute kommt. An diesem Punkt stößt die StifterStudie an ihre Grenzen: Ihre Ergebnisse belegen nur, dass durch die Steueranreize erhebliche Mittel für den Stiftungssektor mobilisiert werden konnten. Offen bleibt jedoch die Frage, ob diese Mittel an anderer Stelle – bei Vereinen, Verbänden, Initiativen – fehlen, oder ob die Steuerreform tatsächlich neue Mittel mobilisiert hat, die sonst nicht in den gemeinnützigen Sektor geflossen wären. Mit anderen Worten: Wird der Kuchen größer, oder wird er nur anders verteilt?

Fest steht, dass die Diskussion um die Steueranreize viel öffentliches Interesse auf den Stiftungssektor gelenkt hat. Darüber hinaus liegt die Vermutung nahe, dass die steuerlichen Möglichkeiten ein wichtiger Anreiz für das Engagement bestimmter Zielgruppen sind, die sonst keine Berührungspunkte mit gemeinnützigen Aktivitäten haben. Und schließlich liefert die Studie durchaus Hinweise auf die Tatsache, dass die steuerlichen Abzugsmöglichkeiten eine große Rolle bei der Entscheidung über die Höhe der Zuwendung spielen (siehe Kapitel »Wie laufen die Gründungen ab?«). Typischerweise fallen Dotationen an Stiftungen höher aus als Spenden.

Die Annahme, dass die Steuerreform tatsächlich zusätzliche Mittel mobilisiert hat, ist daher sehr plausibel. Der Nachweis dieser Tatsache steht allerdings noch aus.

Stiftungen in der Biographie ihrer Stifter

Die Feststellung, wie maßgeschneidert die Stiftungen in das Leben ihrer Stifter passen, war eine der eindrücklichsten Erfahrungen aus den Interviews. Jede einzelne der 22 Stiftungen, mit deren Stiftern wir Gespräche geführt haben, spiegelt die Person des Stifters bzw. der Stifter wider; und zwar nicht nur in der inhaltlichen Ausrichtung auf einen bestimmten Zweck, sondern auch in der Arbeitsweise, in der Arbeitsphilosophie und in der Bedeutung, die die Stiftung im Alltag der Stifter hat.

Dabei kann diese Bedeutung sich durchaus verändern, je nachdem, wie es die persönliche Situation erlaubt. Gerade darin sehen viele Stifter den Vorteil der eigenen Stiftung, wie zum Beispiel Frau R betont: »Ich kann es so entwickeln, wie ich es möchte: Ich kann eine Zeitlang mehr tun, ich kann weniger tun – das ist toll; eine unglaubliche Flexibilität.«

Dieser hohe Grad an Selbstbestimmung schlägt sich in der Zufriedenheit der Stifter mit ihrer Stiftung deutlich nieder. Neun von zehn Stiftern sind mit ihrer Stiftung sehr oder zumindest eher zufrieden, wie Abbildung 15 belegt. Von den übrigen elf Prozent können sich acht Prozent nicht eindeutig festlegen und antworten mit »teils/teils«. Nur zwei Prozent sind »eher nicht zufrieden« und lediglich vier der 629 Befragten sind »gar nicht zufrieden«.

Abbildung 15: Zufriedenheit mit der Stiftung

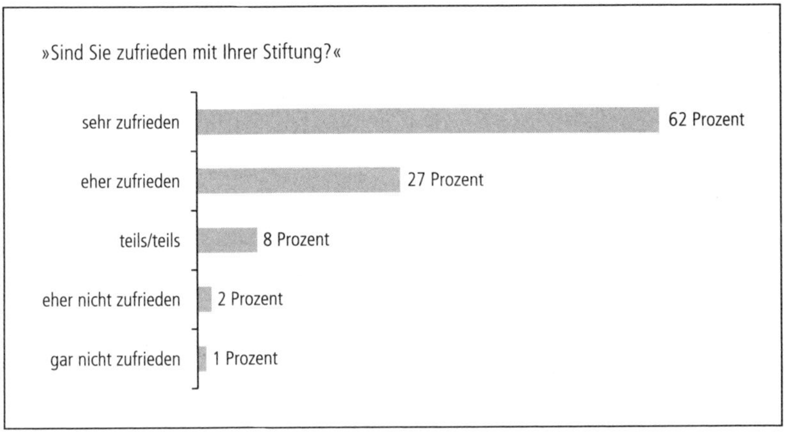

n = 606
Quelle: Hauptumfrage StifterStudie

Stiftungen als Lebensinhalt

43 Prozent der Befragten in der Studie gaben an, dass sie sich »sehr stark« in ihrer Stiftung engagieren, 29 Prozent schätzen ihr Engagement als »stark« ein. Für einen erheblichen Teil der Stifter ist die Stiftung zum Lebensmittelpunkt oder zumindest zu einem wesentlichen Teil davon geworden (Genaueres hierzu im Kapitel »Die Rolle der Stifter in ihrer Stiftung«). Das Stifterduo Herr E und Herr F bringt diese Begeisterung auf den Punkt: »Die Stiftung ist unser Baby.«

Angesichts dieser großen Bedeutung wundert es nicht, dass viele Stifter ihre Stiftung als eine Chance verstehen, sich selbst zu verwirklichen. Tatsächlich macht die Möglichkeit, bestimmte Dinge eigenständig umsetzen zu können, die Faszination und Attraktivität von Stiftungen aus.

Für Stifter P, der als Professor ein Forschungsinstitut an einer Universität leitet, bietet die Stiftung eine Möglichkeit, sein akademisches Lebenswerk nach der Emeritierung fortzuführen. Der Gedanke der Kontinuität ist auch dem Stifterpaar I, dessen Berufsleben stark mit Kindern verknüpft war, besonders wichtig: »Nach dem Ausstieg aus der Firma kam die Frage auf: Was machen wir nun mit unserem Lebenswerk? Wir haben gesagt: ›Wie können wir das, was wir da in einem gemeinsamen Leben für Kinder begonnen haben, auf eine gewisse Dauer stabil und sinnvoll für Kinder fortführen?‹.«

Gerade bei Unternehmern finden sich solche und ähnliche Aussagen häufig. Für Stifter T ist die Stiftung »ein zweites Lebenswerk«, von dem er sagt: »Diese Stiftung ist ein großer Teil Selbstverwirklichung, so wie es auch die Phase der Selbstverwirklichung im Unternehmen gegeben hat.« Er hat schon von Jugend an eine Affinität zu Flora und Fauna, für deren Pflege und Erhalt er sich schon lange vor der Stiftungsgründung engagiert hat: »Die Stiftung ist im Grunde eine logische Folge meines ganzen Lebens.«

Stiftungen müssen sich jedoch nicht unbedingt so uneingeschränkt positiv in die Biographie ihrer Stifter einfügen, denn eine Stiftung zu gründen bringt die Verpflichtung für ein dauerhaftes Engagement mit sich. Dies ist vor allem dann der Fall, wenn die Stiftung den Namen des Stifters trägt, wie Herr V feststellen musste: »Wenn die Stiftung Ihren Namen trägt, können Sie die Verantwortung nicht übergeben, weil immer Ihr Name mit drin hängt. Wenn etwas schief läuft, wird Ihr Name mit hineingezogen, auch wenn Sie aktiv damit gar nichts mehr zu tun haben.«

Dazu kommt noch die Tatsache, dass sich die Stiftung nach ihrer Gründung verselbstständigt – auch vom Stifter. Er kann den Zweck der Stiftung allenfalls noch erweitern, nicht aber grundsätzlich verändern. Dass diese Regelung gerade für junge Stifter, deren Interessen sich im Laufe des Lebens verändern können, ein Problem darstellt, macht Herr V sehr deutlich: »Wenn mich heute jemand fragt mit 30, der eine Stiftung gründen will, dann sag ich dem: Überleg dir das gut – das soziale Engagement in Ehren, aber du hast das wirklich den Rest deines Lebens an der Backe. Sie können ja aufgrund der Rechtslage nicht sagen: ›So, ich blend mich jetzt mal drei Jahre aus‹ – man kommt nicht aus der Verantwortung raus, weil man ja jedes Jahr ausschütten muss.«

Welche Aspekte der Stiftungsarbeit sind für die Stifter persönlich besonders wichtig?

Die selbstlose Förderung des Gemeinwohls schließt persönliche Vorteile nicht aus. Ganz im Gegenteil: Stifter, die ihre Stiftung zu Lebzeiten gründen, ziehen aus ihrer Stiftung einen großen Gewinn, der allerdings nicht monetärer, sondern ideeller Natur ist: Zufriedenheit, eine erfüllende Beschäftigung, neue Kontakte und den Austausch mit Menschen. Dies empfindet auch das Stifterpaar C: »Die Beschäftigung mit der Stiftung macht Spaß; sie bringt uns auf neue Ideen, sie bringt uns mit sehr positiven Menschen zusammen.«

Helfen macht glücklich

Anderen zu helfen macht Menschen glücklich. Dabei muss der Einsatz gar nicht einmal besonders hoch sein, wie Stifter K beobachtet hat: »Ich kann da mit für mich vergleichsweise bescheidenen Beträgen ungeheuer was bewegen, Freude machen, Glück bereiten. Es macht Riesenspaß, mit meinen Mitteln anderen zu helfen, sich zu entfalten.«

Abbildung 16: Was ist Stiftern wichtig?

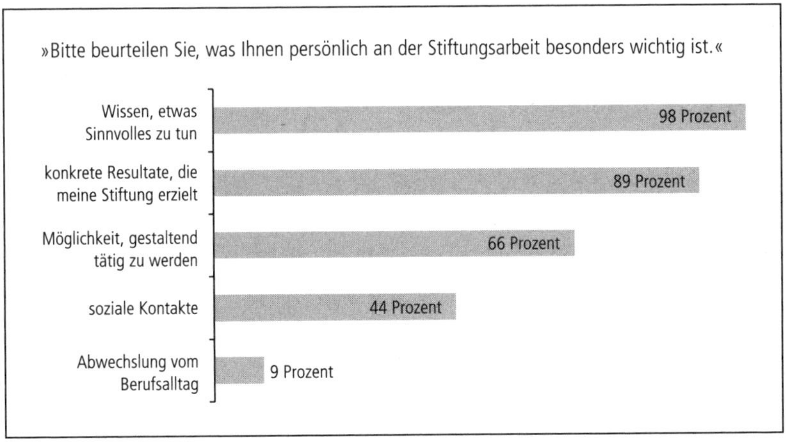

n = 425–587; zusammengefasste Antworten »trifft voll zu« und »trifft eher zu« auf einer Fünfer-Skala, Mehrfachnennungen möglich
Quelle: Hauptumfrage StifterStudie

Das Leitmotiv des wechselseitigen Gebens und Nehmens zieht sich wie ein roter Faden durch die Interviewäußerungen. Das Ehepaar C drückt es so aus: »Wo gibt es schon so was Schönes, wo man sich selbst eine Freude machen kann und anderen auch noch? Von daher ist es fast zwingend, dass man so etwas macht, wenn man kann.« Und Stifterin N ergänzt: »Sie können gestalten und damit Menschen helfen – das ist ein schöner Lohn für die Mühe.«

Vor diesem Hintergrund wird auch verständlich, warum die Rückmeldungen von den Empfängern von so überragender Wichtigkeit für die Stifter sind: Das Wissen, mit der Stiftung etwas Sinnvolles zu tun, muss immer wieder bestätigt werden. Das setzt keineswegs unbedingt präzise Erfolgsmessungen voraus. Die Rückmeldung kann auch ganz unmittelbar erfolgen, wie bei Herrn O, der sich zu seinem eigenen Geburtstag einen großen Spieltag für Kinder geschenkt hat: »Das war ein Fest mit vielen, vielen Kindern. Es war unglaublich, ein absolutes Highlight. Wenn ich daran denke, wie die Kinder reingekommen sind und das gesehen haben, was wir für sie aufgebaut hatten; meine Güte – allein deswegen kann man sagen: los komm, gleich noch einmal.«

Sinn und/oder Konsum?

Ein weiterer Aspekt, der im Kontext der Frage nach der persönlichen Befriedigung wiederholt anklang, ist der scheinbare Gegensatz zwischen Sinn einerseits und Konsum andererseits.

Viele Interviewpartner stellen ihre Stiftungsarbeit bestimmten Stereotypen von Konsum und Luxus gegenüber. So auch das Stifterpaar C: »Wir sind der Meinung, dass es für uns persönlich und für unsere Mitmenschen absolut das Beste ist, was wir mit dem, was da ist, tun können. Und dass es einem persönlich weit mehr bringt, als sich irgendwelche Yachten oder Rennpferde zuzulegen – ganz einfach für die persönliche Seelenhygiene.«

Die Umfrage bestätigt diesen Eindruck: 70 Prozent der Stifter geben an, dass für sie ein gemeinnütziges Engagement befriedigender ist als Konsum; was auch Frau D nur unterstreichen kann: »Konsum macht mich nicht glücklich – die Stiftung macht mich glücklich, das macht mich lebendig, da bin ich bei.«

Nicht für alle Stifter ist dieser Gegensatz allerdings nachvollziehbar, denn für viele besteht kein Widerspruch zwischen einem hohen persönlichem Lebensstandard und einem Engagement für das Gemeinwohl. Herr S nimmt hierzu sehr deutlich Stellung: »Noch eine S-Klasse hat auch für mich keinen qualitätssteigernden Wert mehr, wobei ich kein Problem damit habe, eine zu fahren.« Für ihn und viele andere fängt der Widerspruch zwischen Reichtum und gesellschaftlicher Verantwortung erst dort an, wo mehr Geld vorhanden ist, als man innerhalb »sinnvoller« Grenzen ausgeben kann.

Dass diese Grenzen äußerst subjektiv sind, betont Stifter B, der auf einen weiteren Aspekt hinweist: »Ich verzichte nicht auf eine Yacht – ich habe einfach kein Interesse an einer Yacht. Das ist in dem Sinne kein Opfer.« Aus diesem Grund wehrt er sich auch dagegen, dass sich die Anerkennung für Stifter und Spender an der absoluten Höhe der Zuwendung bemisst: »Wenn man eine größere Summe spendet oder stiftet, dann sind die Leute dankbar proportional zu der absoluten Summe. Sie fragen gar nicht: Wie viel war das jetzt prozentual von dem, was du geben könntest?«

An diesem Punkt wird deutlich, wie sehr die Themen Reichtum und Geld kulturell geprägt sind. Die Frage, wie hoch der Anteil der Spenden gemessen am Gesamtvermögen ist, mag für die USA und auch für Großbritannien nicht ungewöhnlich sein. In Deutschland ist die Einstellung zu Geld und Reichtum eher ambivalent: Einerseits spricht man nicht über Geld, andererseits ist die öffentliche Debatte um Reiche und ihren Reichtum so stark von Sozialneid geprägt, dass eine konstruktive Auseinandersetzung kaum möglich ist.

Kontakte und Austausch

Für die meisten Stifter ist der Austausch mit vielen Menschen ein weiterer wertvoller Aspekt ihrer Stiftungsarbeit. Für Stifter B steht dabei der »Spaß an der gemeinsamen Sache« im Vordergrund: »Das ist eines der angenehmen Erlebnisse dabei, dass man mit Gleichgesinnten zusammenkommt und das Projekt gemeinsam wachsen sieht.« Auch Frau N betont diesen für sie besonders wichtigen Aspekt ihrer Tätigkeit: »Das Schönste sind die Kontakte und der Austausch; Sie lernen Menschen kennen, zu denen Sie sonst nie Kontakt bekommen hätten; interessante Menschen aus vielen Kreisen und Schichten.«

Dieser Punkt wird interessanterweise von vielen Interviewpartnern betont: Die Stiftungsarbeit bietet nicht nur die Möglichkeit, den eigenen Bekanntenkreis zu erweitern, sondern tatsächlich durch den Kontakt mit anderen gesellschaftlichen Schichten die sozialen Grenzen zu überwinden und damit ganz neue Erfahrungen zu machen.

Besonders extrem war diese Erfahrung für den Unternehmer Herrn O, der durch die Stiftungsarbeit wieder zu einem positiveren Menschenbild gefunden hat: »Ich war ziemlich versaut aus dem Wirtschaftsleben. Für mich war jeder Mensch käuflich, jeder Mensch korrupt, nur eine Frage des Preises. Und in der Stiftungsarbeit habe ich Leute kennen gelernt, die idealistisch sind, die ehrlich sind, die aus Überzeugung heraus etwas tun – tolle Menschen. Das war eine ganz wichtige Erfahrung; mein Menschenbild hat sich dadurch gewaltig gewandelt.«

Die Rolle der Stiftung für die Stifterfamilie

Die Feststellung, dass sich die Stiftungen meist maßgeschneidert in das Leben der Stifter einfügen, wird auch durch den Befund bestätigt, dass viele deutsche Stiftungen »Familienunternehmen« sind. Wie die folgenden Kapitel noch ausführlicher darstellen, spielen Familienangehörige und vor allem die (Ehe-)Partner eine zentrale Rolle: Fast ein Drittel der Gründungen geht auf ein Stifterpaar zurück, in sieben Prozent der Fälle wird die Stiftung von der gesamten Stifter-Familie gegründet.

Diese hohe Bedeutung der Familie setzt sich fort, wenn man die Stifter fragt, wer sie im Prozess der Gründung besonders unterstützt hat: Die mit weitem Abstand wichtigsten Personen sind die Ehepartner (in 50 Prozent der Fälle), die später oft auch in die Gremien der

Stiftung berufen werden. Die große Bedeutung der Partner gerade für die Gründung liegt natürlich nahe – die Errichtung der Stiftung ist verbunden mit einem Transfer eines oft doch erheblichen Teils des gemeinsamen Vermögens, was eine gemeinsame Entscheidung voraussetzt.

Darüber hinaus betonen mehrere Interviewpartner sehr explizit, dass sie ihre Kinder in die Stiftungsarbeit einbinden wollen. Im Vordergrund steht dabei die Vermittlung von Werten, wie das Beispiel von Frau J zeigt, die ihre Kinder ganz bewusst an der Stiftungsarbeit beteiligt, damit sie lernen, »dass ihr Wohlstand nicht selbstverständlich ist«. Auch Stifter O konfrontiert seine eigenen Kinder durch die Stiftung mit den Problemen anderer, »um ihnen Verantwortung und Bescheidenheit beizubringen«.

Empirisch werden diese Aussagen jedoch nur bedingt bestätigt: Nur in einer relativ geringen Zahl der Fälle sind die Kinder am Prozess der Gründung beteiligt (elf Prozent); nur 17 Prozent der Stifter haben die eigenen Kinder in die Gremien der Stiftung berufen. Selbst wenn man diese Zahlen um die kinderlosen Stifter bereinigt, bleibt der Eindruck bestehen, dass die Kinder nur eine vergleichsweise nachgeordnete Rolle in den Stiftungen spielen.

Auch die Weitergabe von Familienwerten spielt laut den Umfrageergebnissen nur eine untergeordnete Rolle. Hierzulande ist die »Stärkung des Familienzusammenhalts« kein bedeutendes Motiv bei der Stiftungsgründung. Die Umfragedaten zeigen, dass für 73 Prozent der Befragten diese Motivation »sehr unbedeutend« war, für weitere zehn Prozent »eher unbedeutend«. Auch die Aussage »Ich habe im Sinne der Familientradition gehandelt« bestätigten nur zehn Prozent mit »trifft vollkommen zu«, während für gut 67 Prozent die Aussage »gar nicht« und für fast sieben Prozent »eher nicht« zutrifft.

Ganz im Gegensatz zu den USA, wo laut einer kürzlich erschienenen Studie von Kelin Gersick Stiftungen eine große Bedeutung für den sozialen und kulturellen Zusammenhalt von Familien haben, ist dieser Aspekt in Deutschland offenbar wenig ausgeprägt (Gersick, 2004, bes. S. 191 ff.).

II Gründung und Führung der Stiftungen

Nachdem sich der erste Teil dieses Buches auf die Person des Stifters konzentrierte, richten sich die folgenden Abschnitte auf die Stiftungen selbst: auf die Gründung, auf die Vermögensausstattung, die Zwecke, die Struktur und die Arbeitsweise. Darüber hinaus gehen wir der Frage nach, wie die Stifter ihr eigenes Engagement in der Stiftung gestalten. Der Beratungsbedarf von Stiftern sowie die Rolle von Beratern ist Gegenstand des abschließenden Kapitels.

Wie laufen die Gründungen ab?

Der Gründung einer Stiftung geht in vielen Fällen ein längerer Prozess voraus, in dessen Verlauf die Idee zu einer Stiftung diskutiert, geprüft, verworfen, wieder aufgenommen und schließlich präzisiert und umgesetzt wird. Wie lange dieser Prozess dauert, ist kaum generell zu sagen; aber die Erfahrung des Stifterpaars S dürfte nicht ungewöhnlich sein: »Das war ein langer Entwicklungsprozess. Wir sind da über drei, vier Jahre so reingerutscht.«

Im Zuge dieses Entwicklungsprozesses stehen Stifter vor einer ganzen Reihe von grundsätzlichen Fragen, denen sich dieses Kapitel widmet: Gründet man die Stiftung allein oder gemeinsam mit anderen? Wie viel Kapital soll die Stiftung erhalten? Wer kann Unterstützung im Gründungsprozess bieten? Bevor sich diese Fragen stellen, ist allerdings ein erster Impuls nötig.

Abbildung 17: Anregung zur Stiftungsgründung

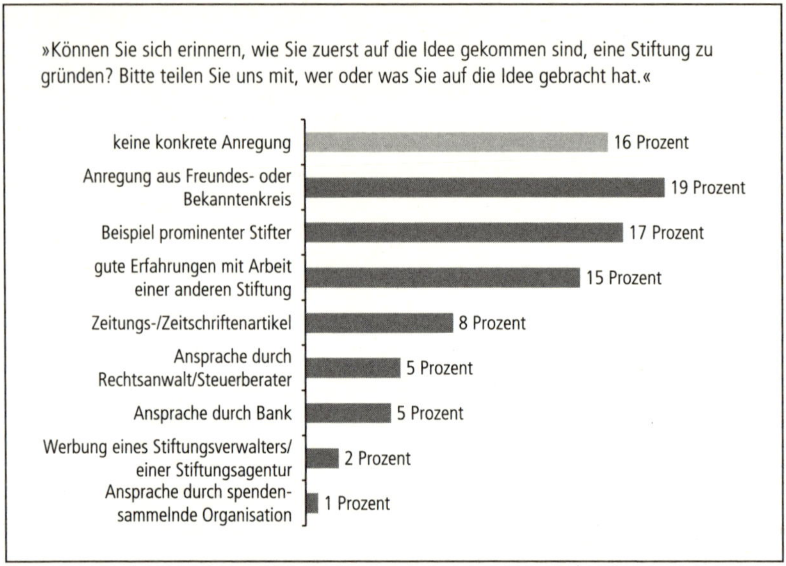

n = 179, Mehrfachnennungen möglich
Quelle: Nacherhebung StifterStudie

Soweit sich die Interviewpartner überhaupt noch daran erinnern konnten, wie sie auf die Idee, eine Stiftung zu gründen, gekommen sind, streuten die Antworten breit: Für das Stifterpaar M war es ein Seminar über Stiftungen, zu dem seine Bank eingeladen hatte; Frau J wurde durch das Beispiel einer Stiftung, die in ihren Einzelhandelsgeschäften um Spenden warb, zur eigenen Stiftungsgründung inspiriert; Stifter Z war beeindruckt von amerikanischen Mäzenen, deren Großzügigkeit er bei Museumsbesuchen in den USA erlebte.

Da die Studie dazu dienen soll, Maßnahmen zur weiteren Förderung und Verbreitung des Stiftungsgedankens zu entwickeln, haben wir diese wichtige Frage in der Nacherhebung systematisch vertieft. Die Stifter wurden gebeten, uns mitzuteilen, wer oder was sie auf die Idee, eine Stiftung zu gründen, gebracht hat.

Wie aus der Abbildung 17 ersichtlich wird, wurden nur wenige Befragte durch eine gezielte Anregung, wie die Ansprache durch

Berater oder Dienstleister, zur Gründung ihrer Stiftung veranlasst. Wesentlich häufiger ist der Impuls zufällig und erreicht den Stifter durch sein eigenes Bemühen: durch bereits bestehende Kontakte, durch die Lektüre von Zeitungen oder durch persönliche Erfahrungen mit einer Stiftung oder einem Stifter.

Für die Entwicklung von Maßnahmen zur weiteren Verbreitung des Stiftungsgedankens bietet dieser Befund wichtige Hinweise, vor allem den, dass Vorbilder eine wesentliche Rolle spielen. Die Idee, eine Stiftung zu gründen, wird wesentlich konkreter und nachvollziehbarer, wenn Prominente für die Idee einstehen. Auch unter denjenigen, die eine Anregung aus dem Bekanntenkreis erhalten haben, sind sicherlich viele von einem befreundeten Stifter für die Idee gewonnen worden.

Auch die vergleichsweise häufige Nennung von Zeitungs- oder Zeitschriften-Artikeln als Auslöser verweist auf einen wichtigen Kommunikationskanal – Stifter und Stiftungen müssen mehr an die Öffentlichkeit gehen, um durch positive Beispiele für den Stiftungsgedanken zu werben.

Eine andere Möglichkeit, auf die Idee einer Stiftung aufmerksam zu werden, ist das Gespräch mit einem Vermögens-, Rechts- oder Steuerberater. In diesem Punkt belegt die Studie eine gewisse Zurückhaltung auf Seiten der Berater, die nur in insgesamt zehn Prozent der Fälle der Idee Pate standen. Die Gründe für diese Zurückhaltung diskutieren wir im Kapitel »Die Beratung von Stiftern« noch eingehender.

Wer gründet die Stiftung?

Eine wesentliche Frage im Prozess der Stiftungsgründung ist die Entscheidung, ob die Stiftung allein oder gemeinsam mit anderen gegründet werden soll. Die Studie belegt, dass ein überraschend hoher Anteil der Stifter eine Entscheidung gegen eine Einzelstiftung fällt.

Tabelle 1 differenziert die Verteilung der Stifter nach Geschlecht und Gründerkreis. Bereinigt man die Daten um jeweils einen Partner der Stifterpaare, die zwei Bögen zurückgesandt haben, wird deutlich, dass die Einzelstifter nur die Hälfte aller Stifter ausmachen; die anderen 49 Prozent der Stiftungen sind von mehr als einer Person gegründet worden.

Tabelle 1: Wer gründet die Stiftungen?

	Frauen	Männer	Paare	insgesamt	Prozent
gemeinsame Gründung ...				*281*	
... mit Partner	24	102	53	**179**	31
... mit Familie	14	26	–	**40**	7
... mit anderen	15	47	–	**62**	11
Einzelgründer				*292*	
	85	207		292	51
Gesamtsample	*138*	*382*	*53*	***573***	*100*

n = 573
Quelle: Hauptumfrage StifterStudie

Von den 281 Stiftern, die ihre Stiftung gemeinsam mit anderen errichtet haben, geben 179 an, dies mit dem Ehepartner oder Lebensgefährten getan zu haben. Weitere 40 Stifter haben die gesamte Familie in das Vorhaben der Stiftungsgründung einbezogen. 62 Stifter schließlich haben ihre Stiftungen gemeinsam mit anderen Personen gegründet. Nach unseren Erkenntnissen handelt es sich hierbei oft um Erbengemeinschaften und um Gemeinschaftsstiftungen, in denen sich Gleichgesinnte zusammengetan haben, wie etwa die Stifter E und F.

Da die Datenbank des Bundesverbandes die Anzahl und die Namen aller Stifter in Deutschland vermerkt, kann dieses Ergebnis der StifterStudie auch für diejenigen Stiftungen überprüft werden, die nicht an der Umfrage teilgenommen haben. Tatsächlich lässt sich bestätigen, dass die Ergebnisse der Studie durchaus repräsentativ sind für die Grundgesamtheit aller deutschen Stifter. Die in der Datenbank des Bundesverbandes vermerkten Stifter entsprechen nicht nur in der Geschlechterverteilung relativ genau der Verteilung unserer Umfrageteilnehmer, sondern auch in der Verteilung von Einzelstiftern, Paaren und gemeinschaftlichen Stiftungen. Wie im Sample der StifterStudie machen Einzelstifter nur etwa die Hälfte aller Stiftungsgründer aus.

Die Entscheidung über die Kapitalausstattung

Vor einer Stiftungsgründung stehen Stifter vor einer ganzen Reihe von Fragen, zum Beispiel nach der Satzungsgestaltung, der Zweckbestimmung, der Arbeitsweise und der besten Gremienstruktur. Hier müssen Entscheidungen getroffen werden, die oft nicht einfach sind. Die zentrale Frage ist aber zunächst die nach dem Geld. Jeder Neustifter steht vor der Entscheidung: Wie viel Vermögen investiere ich? Von der Antwort auf diese Frage hängt ab, was die Stiftung überhaupt leisten, wie sie arbeiten und was sie erreichen kann. Daher rückt im Folgenden zunächst die Frage nach der Höhe der Kapitalausstattung in den Mittelpunkt. Auf weitere Probleme und Herausforderungen, mit denen sich Stifter bei der Gründung ihrer Stiftung auseinander setzen müssen, geht ein eigenes Kapitel ein.

Grundsätzlich kann man feststellen, dass die Entscheidung über die Höhe der Kapitalausstattung einer Stiftung stark »angebotsorientiert« ist. Die Frage, wie viel Mittel die Stiftung benötigt, um ihren Zweck erfolgreich zu erfüllen, ist für die meisten Stifter nachrangig. Im Vordergrund stehen Fragen, die sich an den verfügbaren Mitteln orientieren: Wie viel Vermögen steht überhaupt zur Verfügung? Wie viele Mittel werden noch benötigt, um den eigenen Lebensabend und die Versorgung der Erben abzusichern?

Das Kapitel zum Profil der deutschen Stifter zeigte bereits, dass schon die Antworten auf die erste Frage äußerst unterschiedlich ausfallen. Während ein Fünftel der Stifter ein Privatvermögen von weniger als 250 000 Euro inklusive Immobilien besitzt, kann ein weiteres Fünftel aus einem Vermögen von mehr als vier Millionen Euro stiften.

Reichtum ist allerdings äußerst relativ: Gerade für die Frage nach der Kapitalausstattung einer Stiftung ist der »gefühlte« Reichtum wesentlich wichtiger als die absolute Höhe des Vermögens. Das wesentliche Kriterium, das hat Paul Schervish für die USA eindrucksvoll gezeigt, ist die Frage, wie viel Geld ein Mensch braucht, um sich finanziell sicher zu fühlen. Von dieser Grenze hängt die Entscheidung ab, wie viel Geld tatsächlich übrig ist und damit für eine Stiftungsgründung zur Verfügung steht (vgl. Schervish 2001).

Leider liefert unsere Umfrage keine weiteren Daten zu dieser Thematik. Dafür bieten jedoch die Interviews zahlreiche Anhaltspunkte zu der Frage, nach welchen Kriterien Stifter die Höhe der Kapitalausstattung bemessen.

Zu einer Zeit, in der Stiftungen noch vornehmlich von Todes wegen gegründet wurden, war diese Frage vergleichsweise einfach zu beantworten: Die Stiftung erhielt das Vermögen, das am Lebensende noch vorhanden war. Für die heutigen Stifter ist dieses Problem ungleich schwieriger: Wer zu Lebzeiten gründet, möchte seine Stiftung mit hinreichend Kapital ausstatten, ohne seine eigene Lebensplanung in Gefahr zu bringen. Dementsprechend haben sich die beiden Stifter E und F entschieden, die gemeinsame Stiftung zunächst mit 100 000 Euro auszustatten, denn: »Wir sind ja keine Selbstmörder; wir brauchen ja – bis wir tot sind – auch noch etwas, um das halbwegs glimpflich für uns zu lösen.« Aus diesem Grund wird Frau H ihre Stiftung erst mit dem Testament gründen: »Ich kann das Geld noch nicht jetzt stiften, weil ich nicht weiß, ob ich es selbst noch mal brauche.«

Ein weiterer Gesichtspunkt neben der Absicherung des eigenen Lebensabends ist die Versorgung der Erben. Stifter K, dessen Stiftung heute mit einem Kapital von mehreren Millionen Euro ausgestattet ist, fing deshalb mit 100 000 Mark an: »Ich wusste noch nicht, wie viel ich meinen Kindern entziehen soll. Deshalb wollte ich einfach mal die Stiftung ins Leben rufen und mehr zunächst noch nicht machen. Dann wurde ich ein wenig wissender im Laufe der Zeit, und als mir dann klar war: Ich mach mehr, bin ich mit einem Millionenbetrag eingestiegen.«

An diesem Punkt wird bereits ein Trend deutlich, der im folgenden Kapitel weiter vertieft werden soll: Der überwiegende Teil der Stiftungen erhält nach der Gründung und Erstdotierung weiteres Vermögen; oft noch zu Lebzeiten der Stifter, oft aber auch erst von Todes wegen.

Neben der Absicherung des eigenen Lebensstandards und der Erben gibt es seit kurzem ein weiteres Kriterium, das zur Bemessung der Kapitalausstattung herangezogen wird. Die Einführung des Freibetrages von 307 000 Euro, der für das Ausstattungsvermögen einer neu gegründeten Stiftung geltend gemacht werden kann, gibt vielen Stiftern eine wichtige Orientierungshilfe. Ohne dass der Gesetzgeber es so gemeint hätte, verstehen viele Stifter den Freibetrag als eine Empfehlung für eine angemessene Stiftungsgröße. Dazu kommt natürlich, dass viele Stifter die steuerlichen Möglichkeiten voll ausschöpfen möchten. Nicht nur für Stifter A waren »die steuerlichen Möglichkeiten ein wesentlicher Grund. Das Kapital ist so bemessen, dass die Abzugsfähigkeiten optimal zur Geltung kommen«.

Soweit wir es aus den Interviews und den Gesprächen mit Stiftungsverwaltern beurteilen können, führen die Freibeträge in der Mehrzahl der Fälle dazu, dass eher mehr Kapital gestiftet wird. Verschiedene Interviewpartner betonen, dass sie das »eingesparte« Geld gleich mit in die Stiftung eingebracht haben. Dies schlägt sich in einer Vielzahl von Stiftungsgründungen nieder, die in den letzten Jahren mit einem Kapital von etwa 300 000 Euro gestartet werden. Ohne die Steuerfreibeträge, so bestätigt das Stifterpaar S, »hätten wir weniger Grundkapital reingetan«.

Unterstützung im Prozess der Stiftungsgründung

Eine Stiftungsgründung kann man nicht im sprichwörtlichen stillen Kämmerchen betreiben. Beginnend mit der ersten vagen Idee bis hin zur Gründung sind viele Gespräche und Diskussionen nötig: Die Frage der Kapitalausstattung wird man nicht alleine, sondern mit dem Partner und gegebenenfalls den Erben entscheiden; mit Vertrauten und Experten wird man die Stichhaltigkeit der Idee prüfen; Rechts-, Vermögens- und Steuerberater können mit ihrer Expertise helfen; und natürlich ist auch die Abstimmung mit den Behörden wichtig, um die Gründung voranzutreiben.

Viele Gründungen erfolgen ohne professionelle Hilfe

Gemessen daran, dass die wenigsten Menschen einschlägige Erfahrungen mit den rechtlichen, steuerlichen und finanziellen Aspekten einer Stiftungsgründung haben, liegt die Vermutung nahe, dass Stifter Unterstützung bei professionellen Beratern suchen. Diese Vermutung wird durch die Studie widerlegt. Auf die Frage, wer im Prozess der Stiftungsgründung besonders wichtig war, werden zunächst die (Ehe-)Partner und als zweitwichtigste Gruppe der Freundes- und Bekanntenkreis genannt, wie Abbildung 18 zeigt. Vertrauen ist offenbar das wichtigste Kriterium bei der Frage, mit wem man die Stiftungspläne bespricht und vorantreibt.

Der Befund, dass Berater nur an vergleichsweise wenigen Stiftungen beteiligt sind, deutete sich bereits in der oben zitierten Untersuchung der »Bund-Länder-Arbeitsgruppe Stiftungsrecht« von 2001 an. Zwar konzentrierte sich diese Untersuchung auf alle Stiftungen, gleich ob sie von einer Einzelperson, einem Unternehmen oder einer anderen Körperschaft gegründet wurden, aber das Ergebnis bestätigt den Trend: Laut der Untersuchung wurde nur in weit unter der Hälfte der Fälle (41 Prozent) ein Anwalt herangezogen (Bund-Länder-Arbeitsgruppe 2001, S. 13).

Die geringe Beteiligung von Beratern ist auffällig, aber plausibel. Angesichts der Tatsache, dass 43 Prozent der befragten Stiftungen

Abbildung 18: Unterstützung beim Prozess der Stiftungsgründung

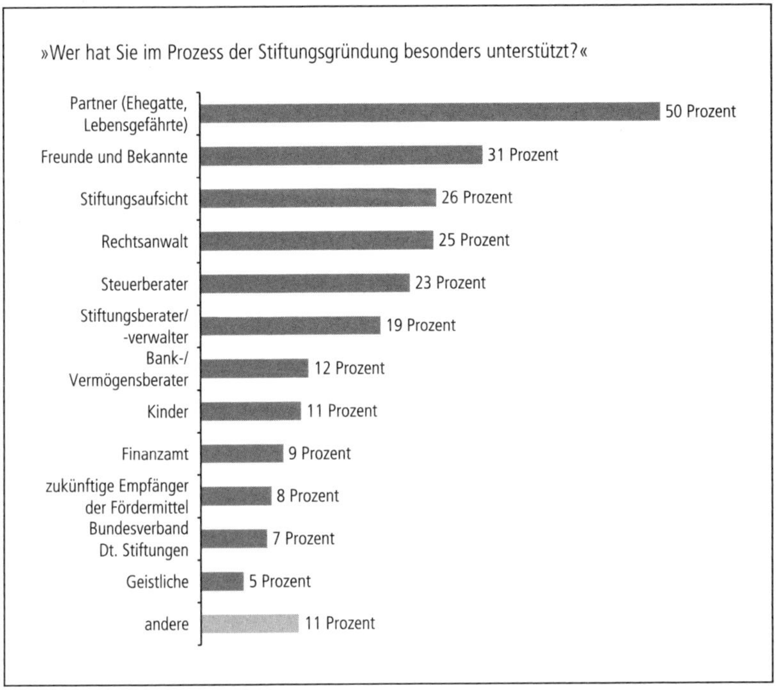

n = 618, Mehrfachnennungen möglich
Quelle: Hauptumfrage StifterStudie

ein Kapital von weniger als 100 000 Euro haben, würden die Honorare unter Umständen den Jahresetat überschreiten. In diesen Fällen können sich Stifter mit den Mustersatzungen behelfen, die die Aufsichtsbehörden anbieten, und diese auf ihre Bedürfnisse hin anpassen. Oft wird dabei vielleicht auch ein befreundeter Anwalt oder Vermögensberater helfen; es ist zu vermuten, dass sich hinter den »Freunden und Bekannten« durchaus solche Berater befinden.

Bei großen Stiftungen und hohem Privatvermögen, das belegt die StifterStudie deutlich, steigt die Quote der Beratung nachhaltig, vor allem dann, wenn es darum geht, Nachfolgeregelungen für ein Unternehmen zu finden. In diesen Fällen werden meist mehrere Berater, wie Steuerberater, Rechtsanwälte und Vermögensberater gleichzeitig hinzugezogen.

Die Rolle der Stiftungsaufsicht

Bei 87 Prozent der Stiftungen, deren Stifter an der Umfrage teilgenommen haben, handelt es sich um selbstständige Stiftungen. Diese Rechtsform setzt die Anerkennung durch die staatliche Stiftungsaufsicht voraus, die daher am Prozess der Gründung ganz wesentlich beteiligt ist. Abbildung 18 zeigt, dass sich immerhin ein Viertel der Stifter von der Aufsicht »besonders unterstützt« fühlte. Auch wenn man sich die Beteiligung der Aufsicht nicht aussuchen kann, so deutet sich hier doch an, dass die Behörden zunehmend eine stifterfreundliche Dienstleistungsmentalität entwickeln.

Schließlich wird die Arbeit der Stiftungsaufsichtsbehörden in den Interviews fast durchgängig als äußerst positiv und konstruktiv beschrieben. Viele empfanden die Anregungen tatsächlich als Unterstützung und freuten sich wie das Stifterpaar M, dass sie auch »mit einer ungewöhnlichen und innovativen Satzung nicht auf Widerstand gestoßen« sind. Die Klage, dass »die Aufsicht versucht hat, ihre Vorstellungen durchzusetzen«, wurde nur selten laut.

Ummut regt sich allerdings angesichts der mitunter langen Abstimmungsprozesse, die die Gründung der Stiftung verzögern. Folgt man der Erhebung der »Bund-Länder-Arbeitsgruppe Stiftungsrecht«, so sind aber in den meisten Fällen die Stifter selbst für die Verzögerungen verantwortlich. Zwar dauert das gesamte Verfahren von der ersten Befassung der Behörde bis zur Anerkennung durchschnittlich 193 Kalendertage, also inklusive Wochenenden und Feiertage. Davon entfallen allerdings 149 Tage auf Wartezeiten, in denen die Behörde auf Antworten wartet, und zwar vor allem auf Antworten der Stifter. 137 der 193 Tage Bearbeitungszeit wartet die Behörde auf Stellungnahmen oder Unterlagen, die vom Stifter zu erbringen sind.

Diese langen Wartezeiten haben vor allem zwei Ursachen: Zum einen haben die Behörden Klärungsbedarf, der in 60 Prozent der Fälle darin begründet ist, dass die Stifter nicht alle erforderlichen

Unterlagen eingereicht haben; bei vielen geben satzungsrechtliche Mängel Anlass zu weiteren Nachfragen. In 55 Prozent betreffen diese Mängel die Regelungen hinsichtlich der Stiftungsorgane. Ein großer Teil der Verzögerungen liegt zum anderen beim Stifter selbst: Immerhin 46 Prozent der Stifter bemerken im Gründungsprozess noch weiteren Klärungsbedarf mit Dritten, etwa Verwandten, Mitstiftern, Geschäftspartnern oder künftigen Organmitgliedern.

Die tatsächliche Bearbeitungszeit der Behörde beträgt – neben anderen zu bearbeitenden Vorgängen – 44 Tage; die reine Sachbearbeitung erfolgt innerhalb von zwölf Tagen. Der Beratungszeitaufwand, also das Gespräch eines Behördenvertreters mit dem Stifter, dauert pro Stiftung durchschnittlich 3,8 Stunden.

Die Stiftungen – Vermögen, Zwecke, Struktur und Arbeitsweise

Vermögen und Finanzen

Mit Stiftungen werden häufig sehr große Vermögenswerte assoziiert, insbesondere im Hinblick darauf, dass nur die Erträge aus dem Kapital für die Stiftungsarbeit verwendet werden dürfen. Betrachtet man jedoch die Ergebnisse der StifterStudie, zeigt sich, dass nur ein vergleichsweise kleiner Anteil der Stifter ihre Stiftungen bei Gründung mit einem Kapital von mehr als 2,5 Millionen Euro ausstattet. Wie Abbildung 19 zeigt, verfügt der überwiegende Teil der Stiftungen nur über ein relativ geringes Vermögen. Insgesamt 43 Prozent der Stiftungen arbeiten mit den Erträgen eines Kapitals von weniger als 100 000 Euro.

Die Vermögensverteilung macht deutlich, dass es bei Stiftungen tatsächlich um mehr als »nur« ums Geld geht. Wie das folgende Kapitel ausführlich darstellt, machen gerade viele Stifter kleinerer Stiftungen fehlende Vermögenswerte durch ein umso intensiveres persönliches Engagement für die Stiftung wett.

Abbildung 19: Stiftungsvermögen zum Zeitpunkt der Gründung

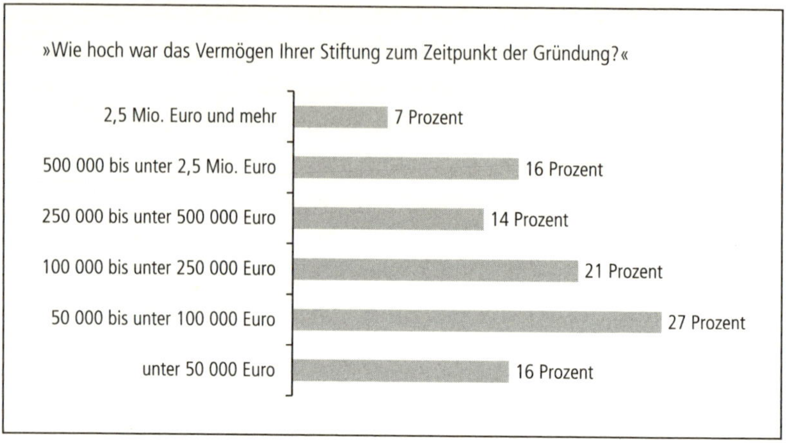

n = 560 (Daten bereinigt um Paare)
Quelle: Hauptumfrage StifterStudie

Darüber hinaus belegt die Studie, dass nur die wenigsten Stiftungen dauerhaft mit dem Vermögen auskommen müssen, mit dem sie bei der Gründung ausgestattet werden. Kaum ein Stifter überschreibt seiner Stiftung bei der Gründung alles Vermögen, das theoretisch zur Verfügung steht.

Die meisten Stiftungen werden auf Zuwachs gegründet

Ungeachtet der Vermögenswerte, die bei Gründung auf die Stiftung übertragen werden, plant die bei weitem überwiegende Zahl der Stifter von Beginn an, die Stiftung später mit zusätzlichem Geld weiter aufzustocken. Unserer Umfrage zufolge schließen nur elf Prozent eine Aufstockung aus; 13 Prozent haben sich noch nicht entschieden. Demgegenüber sind sich 53 Prozent der Befragten sicher, dass sie das Stiftungskapital noch zu Lebzeiten aufstocken werden. Weitere 44 Prozent geben an, dass sie planen, das Stiftungskapital testamentarisch aufzustocken; es gibt also einen nennenswerten Anteil von Stiftern, die sowohl zu Lebzeiten und dann noch einmal von Todes wegen zusätzliches Vermögen in ihre Stiftung einbringen wollen.

Diese »Gründungen in Etappen« bringen gleich mehrere Vorteile mit sich. Zum einen erhöhen sie auf Seiten der Stifter die Planungssicherheit in Hinsicht auf die Rücklagen für den eigenen Lebensabend. Dieser Aspekt wurde bereits im letzten Kapitel angesprochen. Die Strategie, bereits früh mit kleineren Beträgen zu starten und die Stiftung dann weiter aufzubauen, hat darüber hinaus den großen Vorzug, dass man, wie Herr T es sagt, zunächst einmal üben kann: »Da muss man seinen inneren Schweinehund überwinden und loslegen. Man muss sich darüber klar sein, dass es sowieso mal irgendwann zu Ende ist und es dann ja ordentlich weitergehen soll. Meine Idee ist, das nun schon mal ein bisschen zu üben. Im Moment kann ich ja noch zusehen und eingreifen.« Deshalb gibt es für ihn keine Alternative zu einer Stiftungsgründung zu Lebzeiten: »Die Chance von Menschen, die diesen Prozess der Stiftung noch selbst begleiten können, besteht darin, dass da natürlich noch ein ganz anderer Gestaltungsspielraum ist, ein großer Kreativspielraum.«

Auch Stifter Z hat seine Stiftung bewusst »als Pilot gegründet, sodass Erfahrungen mit der Führung, Buchhaltung und Verwaltung gesammelt werden können, bevor der ganz große Vermögenszufluss erfolgt«. Im Fall von Herrn Z wird eines Tages – nach seinem Ableben – ein ganzes mittelständisches Unternehmen auf die Stiftung übertragen werden.

Ein so hoher Zufluss ist allerdings die Ausnahme, wie unsere Daten zeigen: In zehn Prozent der Fälle wird sich das Kapital um das Doppelte des ursprünglichen Vermögens erhöhen, weitere zwölf Prozent planen eine Aufstockung um 100 Prozent, und elf Prozent der Stifter werden noch einmal die Hälfte des Kapitals nachstiften. Diese Zahlen sind jedoch vorläufig, denn der größte Teil der Stifter kann noch nicht angeben, um wie viel das Kapital der Stiftung wachsen wird. Vier der Stifter, die uns in der Hauptumfrage geantwortet haben, wissen allerdings bereits, dass sie um das 50fache aufstocken werden, in weiteren sechs Fällen wird das Kapital sogar um das 100fache steigen.

In diesem Zusammenhang ist natürlich besonders interessant, von welchen Faktoren Stifter die Steigerung ihres finanziellen Enga-

Abbildung 20: Steigerung des finanziellen Engagements

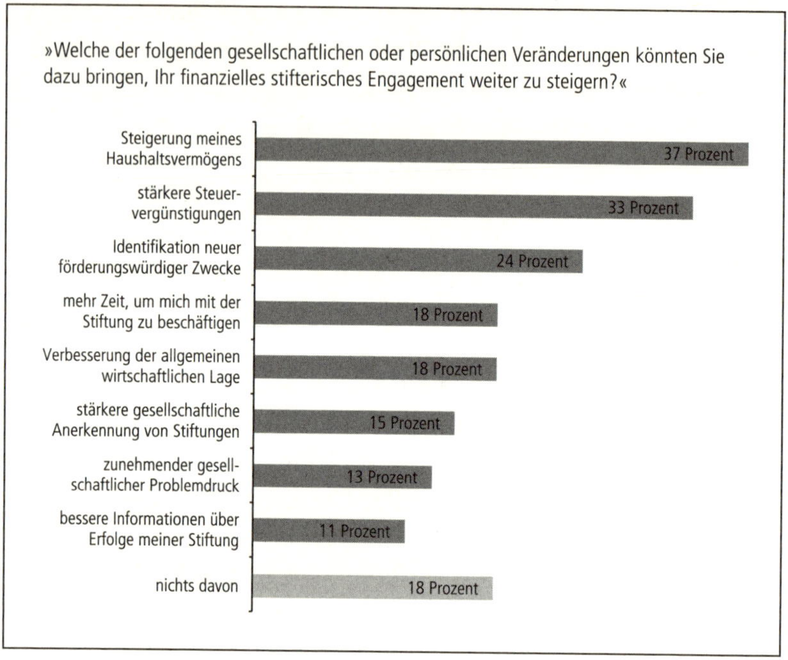

n = 603–606, Mehrfachnennungen möglich
Quelle: Hauptumfrage StifterStudie

gements abhängig machen. Dabei steht ganz deutlich die persönliche Vermögenslage im Vordergrund, wie Abbildung 20 zeigt: Für 37 Prozent der Stifter wäre die Steigerung des persönlichen Vermögens ein Anlass, ihr stifterisches Engagement zu verstärken. Die große Bedeutung von steuerlichen Anreizen, die bereits mehrfach deutlich wurde, zeigt sich erneut darin, dass 33 Prozent Steuervergünstigungen zum Anlass nehmen würden, um in ihre Stiftung zu investieren.

Dass aber nicht nur finanzielle Gesichtspunkte den Ausschlag geben, belegt die große Zahl von Stiftern, die für neue Zwecke stiften bzw. auf neue gesellschaftliche Probleme reagieren würde. Daneben stellen auch mehr Zeit für die eigene Stiftung und mehr Informationen über die Wirksamkeit der Stiftungsarbeit wichtige Auslöser für ein verstärktes Engagement dar.

Die wenigsten Stiftungen arbeiten allein mit den Erträgen aus dem Vermögen

Traditionell sind Stiftungen Institutionen, die anderen Organisationen oder auch Personen Mittel zur Verfügung stellen, also Geld geben. Dieses Bild hat sich gewandelt; und zwar nicht nur in der öffentlichen Wahrnehmung (siehe Kapitel »Stifter und Stiftungen in der öffentlichen Wahrnehmung«), sondern auch empirisch: Viele Stifter sind in ihrer Arbeit davon abhängig, Mittel von Dritten einzuwerben. Dementsprechend gaben 29 Prozent der 179 Teilnehmer der Nacherhebung an, dass sie mit der Tatsache, dass die Stiftung nicht genug Spenden erhält, in der täglichen Arbeit »besonders zu kämpfen« haben.

Von den Befragten der Hauptumfrage gab nur ein gutes Drittel an, dass es ihnen nicht wichtig ist, dass ihre Stiftung Spenden oder Zustiftungen erhält, wie Abbildung 21 verdeutlicht. Fast zwei Drittel der Stifter legen großen Wert darauf, dass sich andere beteiligen, sei es in Form von Spenden, Zustiftungen oder unselbstständigen »Unter«-Stiftungen.

Die Annahme, dass die Intensität des Fundraising von der Größe des bereits vorhandenen Kapitals abhängt, trifft nicht zu: Große Stif-

Abbildung 21: Finanzielle Zuwendungen anderer

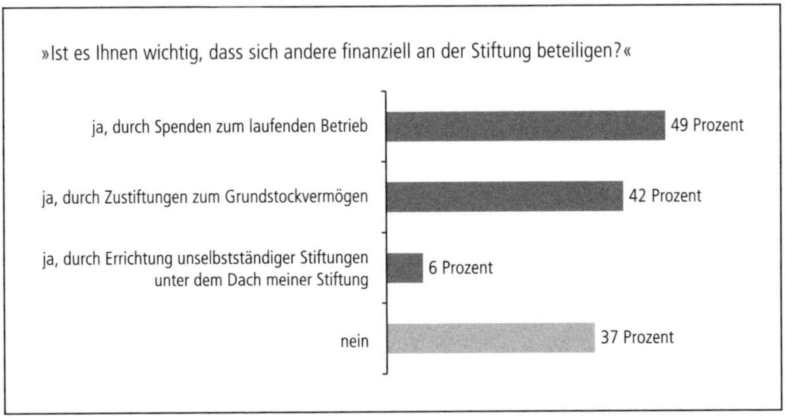

n = 571, Mehrfachnennungen möglich
Quelle: Hauptumfrage StifterStudie

tungen sind nur unwesentlich weniger an Spenden und Zustiftungen interessiert als kleine. Auch das Privatvermögen der Stifter ist nicht der entscheidende Faktor. Zwar lässt sich feststellen, dass der Stifter desto weniger an der Beteiligung anderer interessiert ist, je reicher er ist; trotzdem erwartet auch ein guter Teil der hohen Vermögensklassen, dass Dritte ihre Stiftungsidee finanziell unterstützen.

Die Fundraising-Aktivitäten hängen daher weniger von den finanziellen Voraussetzungen der Stifter oder der Stiftungen ab. Entscheidend scheint vielmehr die Einstellung zur Stiftung zu sein: Je mehr die Stiftung Gegenstand der Verwirklichung persönlicher Werte und Vorstellungen ist, desto weniger wird die Beteiligung anderer gewünscht. Schließlich bedeutet Fundraising immer in einem gewissen Maße, externen Einfluss zuzulassen, und sei es nur, indem die Auswahl der Projekte sich daran orientiert, was für potenzielle Spender interessant sein könnte. Dazu hat zum Beispiel Stifterpaar I eine klare Meinung: »Das wollen wir nicht. Dann fängt das Ganze an, sich in einer Weise zu verselbstständigen, die wir nicht wollen; es soll ja unsere ganz bescheidene Sache sein – unsere kleine Stiftung.«

Zusammenfassend lässt sich feststellen, dass das Budget vieler Stiftungen sich als Mischfinanzierung gestaltet. Den Grundstock bilden die Erträge aus dem Kapital, die allerdings bei vielen Stiftungen recht gering ausfallen. In vielen Fällen sichern erst Spenden Dritter die Arbeitsfähigkeit der Stiftung. Darüber hinaus schießen die Stifter selbst noch Mittel zum laufenden Betrieb zu. Wie im Kapitel »Die Rolle der Stifter in ihrer Stiftung« noch ausführlicher dargestellt wird, machen diese Zuwendungen in immerhin 16 Prozent der Fälle mehr als die Hälfte des Stiftungsbudgets aus.

Zwecke, Tätigkeiten und Ziele der Stiftungen

Die Zwecke

Solange die Behörden nicht zu der Ansicht kommen, dass der Zweck der Stiftung das Gemeinwohl gefährdet, steht es dem Stifter frei, die

Inhalte seiner Stiftung nach seinem Gutdünken festzulegen. Für welche großen Interessenbereiche sich die Stifter entscheiden, zeigt Abbildung 22. Die Übersicht zeigt, dass die klassischen Tätigkeitsfelder Soziales, Bildung und Erziehung, Kunst und Kultur sowie Wissenschaft und Forschung dominieren, während der Umweltschutz nur selten als Zweck gewählt wird. Noch geringer ist der Anteil von Sport und Religion, die unter die Rubrik »andere Zwecke« genannt wurden.

Es gibt wie bereits erwähnt keinen signifikanten Zusammenhang zwischen den Stiftungszwecken einerseits und dem Geschlecht, Elternhaus, Alter oder Vermögen des Stifters andererseits. Jüngere Stifter engagieren sich nicht stärker für die Umwelt als ältere; reichere nicht mehr für Kunst und Kultur als weniger vermögende; Frauen nicht mehr für Soziales als Männer.

Auch gibt es keine Unterschiede zwischen der Zweckwahl natürlicher und juristischer Personen: Die Verteilung der Zwecke in der StifterStudie entspricht weitgehend den Zwecken aller Stiftungen, die in der Datenbank des Bundesverbandes enthalten sind.

Eine sehr deutliche Auswirkung auf den Zweck hat allerdings die Frage, ob man stiftet oder spendet: Nach den Daten des Spenden-

Abbildung 22: Zwecksetzungen der Stiftungen

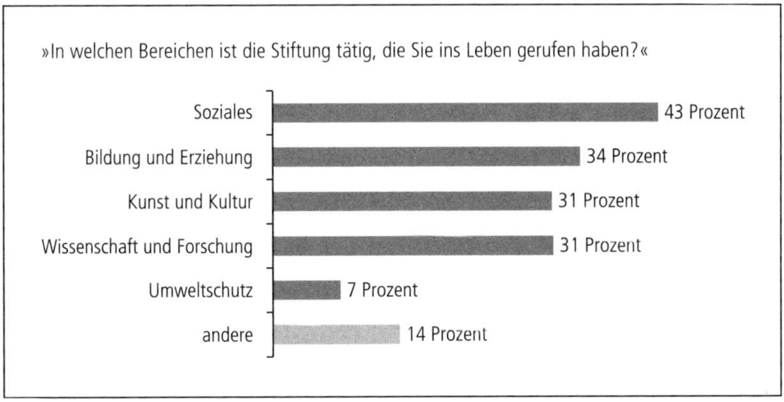

n = 574 (Daten bereinigt um Paare), Mehrfachnennungen möglich
Quelle: Hauptumfrage StifterStudie

monitors, den das Meinungsforschungsinstitut Emnid regelmäßig erhebt, kommt der größte Teil der Spenden Kirchen und Glaubensgemeinschaften zugute (31 Prozent), gefolgt von der Behinderten-/Krankenhilfe (29 Prozent). Gerade die Hilfe in Katastrophen- und Bürgerkriegssituationen, die 28 Prozent der Spenden auf sich vereinigt, macht deutlich, dass es bei Spenden vorrangig darum geht, Mittel für kurzfristige Zwecke zur Verfügung zu stellen.

Wo langfristige Perspektiven verfolgt werden, eignet sich das Instrument der Stiftung besser: Die Zweckbereiche Bildung/Wissenschaft/Forschung, die zwei von drei Stiftern für ihr Engagement wählen, sind nur mit insgesamt fünf Prozent unter den Spendenempfängern vertreten. Kunst und Kultur liegen fast einem Drittel der Stifter am Herzen, aber nur drei Prozent der Spender.

Regionale Tätigkeitsgebiete

Eine Gemeinsamkeit zwischen dem Stiftungs- und dem Spendenaufkommen besteht in der regionalen Verteilung. Nach einer Schätzung des deutschen Spendeninstituts Krefeld gehen 75 Prozent der Spenden der Deutschen an Projekte im Inland, nur 25 Prozent ins Aus-

Abbildung 23: Tätigkeitsgebiet

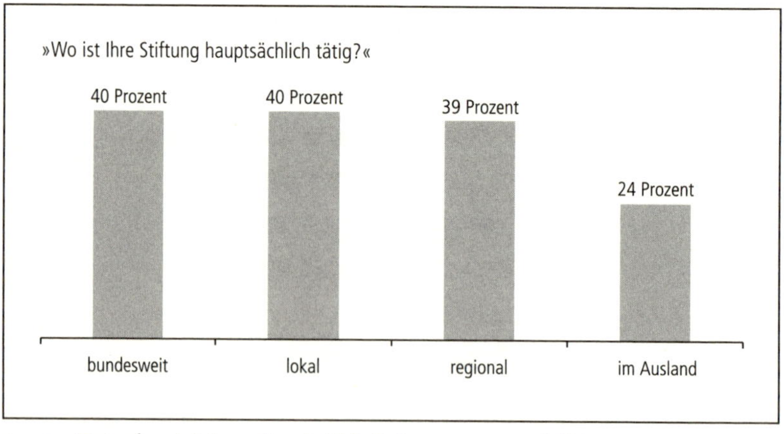

n = 554 (Daten bereinigt um Paare), Mehrfachnennungen möglich
Quelle: Hauptumfrage StifterStudie

land. Praktisch identisch ist der Anteil der Stifter, die mit ihrer Stiftung im Ausland tätig sind.

Bei den übrigen Stiftungen ist der Tätigkeitsbereich zwischen einem lokalen, regionalen und bundesweiten Fokus mit jeweils etwa 40 Prozent sehr gleichmäßig verteilt, wie Abbildung 23 verdeutlicht. Hier ist zu beachten, dass sich viele Stiftungen auf mehreren Ebenen gleichzeitig engagieren.

In den persönlichen Interviews wird deutlich, dass vor allem die kleineren Stiftungen lokal oder regional tätig sind. Viele Stifter schätzen ihre Möglichkeiten realistisch ein und wollen die größtmögliche Wirkung erzielen, so Stifterin G: »Ich kann mit der kleinen Stiftung nicht allen helfen, in Hamburg oder Berlin oder sonst wo. Aber ich kann in der Region helfen.« Sie fügt hinzu: »Man muss erst einmal vor der eigenen Haustür aufräumen, sonst verzettelt man sich.« Dem Stifterpaar C ist daneben auch der unmittelbare Bezug zu den Fördermittelempfängern wichtig: »Das hat den Charme, dass es unmittelbar nahe ist. Dass man wirklich weiß, wer kann's brauchen. Da kommt man sofort in Hilfssituationen rein.«

Natürlich spielen, ganz unabhängig von der Höhe des Stiftungsvermögens, auch persönliche Überzeugungen oder Interessen des Stifters eine Rolle. So sagt Herr V, dessen Stiftung über ein substanzielles Budget verfügt: »Wir haben genügend Probleme in unserem eigenen Land, sodass wir nicht ins Ausland gehen müssen, um anderen Menschen zu helfen.« Im Gegensatz dazu äußert Herr W, der sich für die Ausbildung von Waisenkindern in Osteuropa einsetzt: »Deutschland ist eine Insel – wir haben auch eine Verantwortung darüber hinaus.«

Die langfristigen Ziele differieren erheblich

Hinter ein und demselben Stiftungszweck können erstaunlich unterschiedliche Ziele stehen. Den Zweck, das Leid von Aids-Kranken zu lindern, kann man dadurch verwirklichen, dass man Hospize fördert, die den Betroffenen ihre Krankheit erleichtern. Denkbar ist aber auch ein Engagement für die Forschung an Impfstoffen, die langfristig vielen Menschen helfen würden. Man könnte aber auch in öffentliche Aufklärung investieren, die Entwicklung billiger Aids-Medikamente für Afrika unterstützen oder HIV-infizierten Kindern durch Ferienprojekte Freude und Ablenkung ermöglichen.

Mit der Festlegung des Zwecks allein ist daher nur ein erster Schritt getan; entscheidend für die konkrete Arbeit der Stiftung ist die Entscheidung über die Schwerpunkte sowie die Mittel und Wege, mit denen der Zweck verwirklicht werden soll. Diese Entscheidung hängt wesentlich davon ab, welche Einstellungen und Ansprüche die Stifter an die Wirkung ihrer Arbeit haben.

Diese Ansprüche unterscheiden sich ganz erheblich: Auf die Frage, worauf sie bei der Vergabe der Stiftungsmittel besonders Wert legen, geben 55 Prozent der Stifter an, dass sie vor allem konkrete Not lindern möchten. Einen eher systemischen Ansatz verfolgen demgegenüber diejenigen 35 Prozent der Stifter, die großen Wert darauf legen, dass die Mittel ihrer Stiftung auf politisch-gesellschaftlicher Ebene etwas verändern. Den Unterschied zwischen den beiden Ansätzen hebt Stifter U hervor, für den außer Frage steht, dass »ich nicht die Symptome bekämpfen will, sondern die Ursachen. Insofern finde ich klassische karitative, mildtätige Stiftungen eigentlich ein bisschen blöd, obwohl sie natürlich gute Arbeit machen. Aber meiner Meinung nach geht das am Ziel vorbei.«

Diese Ansicht teilt circa ein Drittel der Stifter. Die Mehrzahl ist jedoch in erster Linie einem karitativen Verständnis gemeinnütziger Arbeit verpflichtet: Für sie steht die direkte Hilfe für Benachteiligte und Bedürftige im Vordergrund.

Die Organisation der Stiftungen

Ist der Zweck der Stiftung festgelegt und ein Tätigkeitsgebiet gewählt, beginnt die eigentliche Arbeit. Die Stiftung nimmt ihre Tätigkeit auf, legt das Vermögen möglichst Ertrag bringend an, wählt Projekte aus und führt sie durch. Dazu braucht sie ein Mindestmaß an

Organisation: ein oder mehrere Stiftungsorgane sowie Mitarbeiter, die oft ehrenamtlich für die Stiftung tätig sind. Um die Gestaltungsformen, die Stifter für ihre Stiftung wählen, darzustellen, gehen wir zunächst auf die Besetzung der Stiftungsgremien ein, dann auf die Struktur der Gremien, um uns abschließend den Mitarbeitern der Stiftungen zu widmen.

Die Besetzung der Gremien

Die Ergebnisse hinsichtlich der Besetzung der Gremien lassen sich in drei zentralen Erkenntnissen zusammenfassen: Die Stifter selbst spielen in den Gremien eine wichtige Rolle; Experten und Fachleute sind eher selten beteiligt, während Verwandte und Freunde sehr oft in die Gremien berufen werden.

Abbildung 24: Besetzung der Gremien

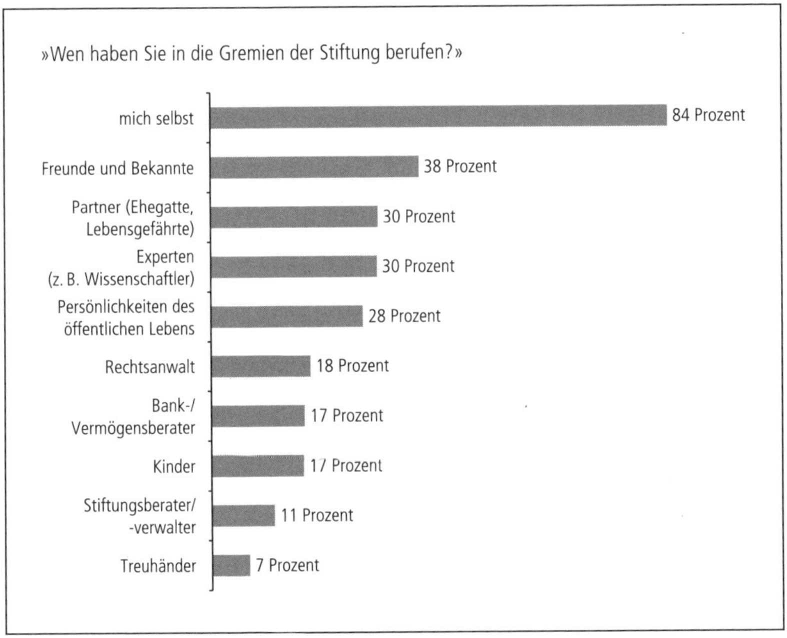

n = 540 (Daten bereinigt um Paare), Mehrfachnennungen möglich
Quelle: Hauptumfrage StifterStudie

Bereits im ersten Teil des Buches wurde deutlich, dass ein wesentlicher Grund für die Entscheidung, eine Stiftung zu gründen, darin besteht, dass Stifter die Kontrolle über ihre Mittel nicht aufgeben wollen. Unter dieser Perspektive ist das Ergebnis, dass 84 Prozent der Stifter selbst in den Gremien ihrer Stiftungen vertreten sind, wie Abbildung 24 zeigt, nicht überraschend. »Das ist«, so Stifterin D, »so ein Stück Macht und das möchte ich auch ausnutzen.«

Das bedeutet allerdings nicht, dass Stifter Wert darauf legen, die Entscheidungen ganz allein zu treffen. Wie unsere Nacherhebung unter 179 Stiftern zeigt, sind nur in zwölf Prozent der Fälle keine weiteren Personen in den Gremien vertreten, der Stifter also allein verantwortlich. Das macht vor allem in Stiftungen Sinn, in denen schnelle Entscheidungen gefordert sind, wie im Falle von Stifterin G, die bewusst »keine großen Gremien eingerichtet hat, da die Stiftung unbürokratisch und schnell helfen will, sodass langwierige Entscheidungen nur hinderlich wären«.

Dort, wo mehrere Personen beteiligt sind, halten Stifter die Anzahl der Gremienmitglieder allerdings meistens in überschaubaren Grenzen: 57 Prozent haben nur eine bis vier weitere Personen in die Gremien ihrer Stiftung berufen, und bei weiteren 26 Prozent sind es fünf bis neun weitere Personen. Lediglich sechs Prozent arbeiten in den Gremien mit zehn und mehr Personen zusammen, die sich dann häufig auf mehrere Gremien verteilen.

Die Tatsache, dass Stifter meistens andere Personen in die Gremien berufen, bedeutet jedoch nicht, dass sie sich den Entscheidungen des Kollektivs unterordnen. In den Interviews wurde sehr deutlich, dass Stifter in den Gremien ihrer Stiftungen einen überragenden Einfluss haben; sei es qua Satzung, sei es durch die Autorität, die neben der persönlichen Ausstrahlung schlicht darauf beruht, dass es ihr Geld ist, das die Grundlage der Stiftungsarbeit bildet. Stifter Z vergleicht das im Interview zutreffend mit einem »monarchischen Prinzip«, dem seine Stiftung folgt: Solange er lebt und in den Gremien aktiv ist, handelt es sich um eine Art »konstitutionelle Monarchie«, die erst nach seinem Tod einem demokratischen Prinzip weichen wird.

Nur selten kommt es vor, dass Stifter bereits zu Lebzeiten eine demokratische Kontrolle über ihre Stiftung wünschen und die Verantwortung für die Stiftung ganz an ein Gremium abgeben, wie es Herr U getan hat: »Wenn man schon sagt: Okay, man gibt die Kontrolle über sein Vermögen auf – was ja der Stiftungsgedanke ist –, dann ist es nur folgerichtig zu sagen: Na gut, dann stellt man das eben unter eine demokratische Kontrolle.« Diese Überzeugung ist unter den Stiftern in Deutschland allerdings die Ausnahme.

Bei der Frage, wen Stifter in die Gremien berufen, stehen zwei Gruppen im Vordergrund: Freunde und Bekannte einerseits und die (Ehe-)Partner andererseits. Hier setzt sich der Trend fort, den man bereits bei der Frage erkennen konnte, von wem die Stifter im Prozess der Gründung unterstützt werden: Persönliches Vertrauen ist das wichtigste Kriterium. In immerhin 17 Prozent der Fälle erstreckt sich dieses Vertrauen auch auf die Kinder, mit denen viele Stifter ihrer Stiftung eine langfristige Perspektive sichern möchten. Denn die Kinder spielen eine besondere Rolle, wenn es darum geht, die Fortführung der Stiftung nach dem eigenen Tod zu sichern, sagt etwa die Stifterin N: »Mir ist es wichtig, dass die Stiftung in gute Hände kommt«, deshalb hat sie ihre Tochter schon früh in die Verantwortung für die Stiftung eingebunden.

Wie Abbildung 24 zeigt, spielt Fachexpertise demgegenüber für viele Stifter bei der Gremienbesetzung eine vergleichsweise nachgeordnete Rolle. Fachleute für Recht und Vermögen sind nur zu jeweils weniger als 20 Prozent in den Stiftungsgremien vertreten; Experten mit einschlägigen Kenntnissen für das jeweilige Tätigkeitsgebiet der Stiftung werden nur in weniger als einem Drittel der Fälle berufen.

Die Struktur der Gremien

Auch in der Struktur, die Stifter ihren Stiftungen geben, spiegelt sich der Wunsch wider, selbstständig über die Vergabe der Mittel entscheiden zu können. Stifter wollen keine Bürokratien aufbauen, die sie in der Entscheidungsfreiheit einschränken. Eben dies ist für viele der wichtige Unterschied zu einem Engagement in einem Verein, in dem man Kompromisse mit anderen Mitstreitern suchen muss. Ganz anders die eigene Stiftung, so Stifterpaar S: »Bloß keine Mitgliederversammlungen! Wir sind der Vorstand, wir entscheiden selber, was wir haben wollen.«

Dementsprechend sind die meisten Stiftungen äußerst schlank in ihrer Gremienstruktur: Den Ergebnissen unserer Nacherhebung zufolge arbeiten 43 Prozent der Stiftungen mit nur einem Organ, das alle Entscheidungen trifft. Immerhin 40 Prozent der Stiftungen verfügen über zwei Organe, 17 Prozent über drei oder mehr Organe, wobei hier vermutlich auch Beiräte mitgezählt worden sind, die nicht im eigentlichen Sinne Stiftungsorgane sind.

In der unterschiedlichen Anzahl der Gremien deutet sich ein Problem an, das jeder Stifter für sich lösen muss: Ab einem bestimmten Punkt, spätestens mit dem eigenen Tod, kann man nicht mehr persönlich sicherstellen, dass die Stiftung im Sinne des Gründers arbeitet. »Ich habe gemerkt«, so fasst Stifterin D ihre diesbezüglichen Überlegungen zusammen, »dass man sich wirklich verabschieden muss von dem Geld und auch von den Einfluss- und Kontrollmöglichkeiten. Man kann da in die Gremienstruktur ein bisschen was einbauen, aber man muss es halt einfach der Existenz übergeben.« Die Kardinalfrage war für sie: »Wie viel Einfluss will ich noch haben, wenn ich gestorben bin – was soll mit der Stiftung weiter passieren, und wie weit kann ich das loslassen, das Geld und den Einfluss?«

Laut unserer Nacherhebung ist dieses Problem bei weitem nicht für alle Stifter zufrieden stellend gelöst: Neun Prozent sehen ein »großes Problem« darin, dass sie »nicht sicher sind, ob die Stiftung nach meinem Tod in meinem Sinne fortgeführt wird«.

Ein Weg, diese Frage zu beantworten, ist die Einrichtung zusätzlicher Gremien neben dem Stiftungsvorstand. Kuratorium, Stiftungsrat oder Beirat tragen dann dafür Sorge, dass der Vorstand den Willen des – verstorbenen – Stifters hinreichend berücksichtigt. Wie eben erwähnt, sind solche zusätzlichen Gremien in 40 Prozent der Fälle bereits zu Lebzeiten des Stifters aktiv. Oft werden sie jedoch erst mit dem Tod des Stifters eingerichtet, sodass der Stifter zu Lebzeiten eine möglichst große Entscheidungsfreiheit und für die Zeit nach seinem Tod eine möglichst hohe Sicherheit hat.

Hauptamtliche und ehrenamtliche Mitarbeiter

Neben den – meist ehrenamtlich tätigen – Mitgliedern der Gremien verfügen viele Stiftungen über weitere Personen, die sich an der Arbeit beteiligen. Immerhin die Hälfte der Stiftungen kommt allerdings ohne zusätzliche Mitstreiter aus; 49 Prozent haben weder ehren- noch hauptamtliche Mitarbeiter.

In der anderen Hälfte der Fälle spielen vor allem Ehrenamtliche eine große Rolle. Wo Mitarbeiter vorhanden sind, handelt es sich in 85 Prozent um Ehrenamtliche. Den Auskünften in den Interviews nach zu urteilen, sind dies oft Freunde und Bekannte, die in der Stiftung mithelfen. Oft ist nur ein einziger Ehrenamtlicher tätig (16 Prozent); bei jeweils 20 Prozent der Stiftungen sind es zwei oder drei. Über vier oder fünf ehrenamtliche Kräfte verfügen zehn bzw. sieben Prozent; mehr als fünf sind es in zwölf Prozent der Fälle, während 15 Prozent gar keine Ehrenamtlichen beschäftigen.

Der Einsatz hauptamtlicher Mitarbeiter setzt natürlich eine gewisse Finanzkraft auf Seiten der Stiftung voraus. 104 der befragten Stiftungen verfügen über bezahlte Kräfte, das sind 18 Prozent aller Stiftungen im Sample. Bei 50 dieser Stiftungen handelt es sich um einen Mitarbeiter; 27 verfügen über anderthalb oder zwei hauptamtliche Kräfte, in neun Fällen sind es drei Mitarbeiter und in fünf Fällen vier. Immerhin 13 Stiftungen haben mehr als fünf hauptamtliche Kräfte.

Der Einsatz von Mitarbeitern ist oft auch das Ergebnis eines Lernprozesses. Viele Stifter schrecken vor dem Gedanken zurück, Geld in Verwaltung und Personalkosten zu investieren. Sie möchten, dass jeder Cent in die Projekte fließt. Aus dieser Überzeugung hat auch Stifter O zunächst ohne Mitarbeiter begonnen. »Am Anfang dachte ich: Ich mache alles selber – quasi mit dem Geld fahr ich nach Nicaragua und übergebe das da.« Diese Phase war allerdings »sehr schnell vorbei. Das Geld anzulegen, war nicht das große Problem –

aber dann kamen die Zinserträge und die mussten wir verteilen – ja Donnerwetter: Wohin denn jetzt eigentlich? Wie komm ich denn dazu? Wen frag ich?« Die Antwort auf diese Frage kann in der Bestellung von Personal bestehen. Zwar geht dies auf Kosten des Projektbudgets, dafür aber wird das Geld nach Ansicht der Stifter besser eingesetzt, sodass ihnen und dem Gemeinwohl besser gedient ist.

Die Arbeitsweise der Stiftungen

Grundsätzlich haben Stiftungen zwei Möglichkeiten, ihren Zweck zu verwirklichen. Bei der operativen Arbeitsweise setzt die Stiftung ihre Projektideen in eigener Regie um; der Stifter selbst, seine Vorstandskollegen sowie haupt- oder ehrenamtliche Mitarbeiter entwerfen die Projekte und führen sie selbst durch. Wird die Stiftung fördernd tätig, liegt die Finanzierung und Durchführung nicht in einer Hand: die Stiftung übernimmt nur die Finanzierung, die Durchführung der Projekte liegt bei den Empfängern der Fördermittel, also bei einem Museum, einem Kinderheim, einer Universität oder bei einem Stipendiaten, der eine Forschungsarbeit übernimmt.

So eindeutig die Trennung zwischen operativer und fördernder Arbeitsweise auch auf den ersten Blick erscheint, gibt es in der Praxis doch viele Mischformen. Oft überschneiden sich operative und fördernde Elemente; oft unterhalten Stiftungen Projekte sowohl der einen als auch der anderen Art. Diese Überschneidungen spiegeln sich in unseren Ergebnissen deutlich wider: 75 Prozent der Stifter haben sich für eine fördernde Arbeitsweise entschieden; gleichzeitig sind 40 Prozent operativ tätig. Darüber hinaus können Stiftungen die Trägerschaft für eine bestimmte Institution übernehmen. Dieser Sonderfall einer operativen Stiftung ist unter den Stiftern der Stifter-Studie mit elf Prozent vertreten.

Operative Stiftungen

Generell geht man davon aus, dass kleinere Stiftungen eher fördernd tätig sind, während eine operative Arbeitsweise großen Stiftungen vorbehalten bleibt, die über die erforderlichen Mitarbeiter verfügen. Diese Überzeugung wird durch die StifterStudie nicht bestätigt: Es gibt keinen signifikanten Zusammenhang zwischen der Höhe des Kapitals und der Arbeitsweise. Dies ist angesichts der Ergebnisse der Studie auch durchaus plausibel, denn in vielen Fällen gleichen Stifter mangelnde finanzielle Mittel durch ein umso höheres persönliches Engagement aus. Gerade für diese Stifter bietet sich eine operative Arbeitsweise in hohem Maße an, da sie ihre Arbeitskraft so am effektivsten einsetzen können.

Mehr als von der Finanzstärke hängt die Entscheidung über die Arbeitsweise davon ab, wie stark der Stifter direkt gestalterisch tätig werden möchte. Gerade in den Fällen, wo eine innovative Idee verfolgt werden soll, liegt eine operative Arbeitsweise nahe: Desto ungewöhnlicher die Idee, desto geringer ist die Chance, dass es schon eine bestehende Organisation gibt, die bereits die Idee verwirklicht. In diesen Fällen entschließen sich Stifter oft dazu, die Idee selbst umzusetzen, und wählen die Form einer operativen Stiftung. Aus diesem Zusammenhang ergibt sich nicht zuletzt die Attraktivität, die eine operative Arbeitsweise gerade auf Unternehmer ausübt, denn letzen Endes ist, wie der Unternehmer M feststellt, »der Ansatz einer operativen Stiftung unternehmerisch«.

Die StifterStudie fragte die Projekte der Stiftungen nicht im Einzelnen ab. Dafür vermitteln die Interviews einen Eindruck davon, wie groß die Bandbreite operativer Ansätze ist. Stifterpaar M etwa hat ein großes Stipendienprogramm aufgebaut; Herr U sowie das Stifterpaar I haben sich dazu entschieden, Preise zu vergeben. Damit möchten sie mehr öffentliche Aufmerksamkeit auf ihre jeweiligen Anliegen lenken und guten Ideen zum Durchbruch verhelfen.

Man kann aber auch Einrichtungen gründen, wie zum Beispiel Stifter W, der die Berufsausbildung von Waisenkindern in Osteuropa fördert: »Wir haben Familienhäuser aufgebaut, in denen Waisenhaus-Abgänger betreut wohnen, und sind jetzt beim Aufbau kleiner Ausbildungs-Werkstätten vor Ort. Damit schaffen wir eine nachhaltige Infrastruktur, die mittelfristig auch Gewinne erzielen wird.« Andere nehmen ein Entwicklungshilfeprojekt in Angriff und bauen wie das Stifterpaar S in Afrika eine lokale Infrastruktur auf.

Fördernde Stiftungen

Fördernde Stiftungsarbeit ist Stiftungsarbeit in Zusammenarbeit mit anderen: Förderstiftungen verwirklichen ihre Zwecke, indem sie ihre Mittel anderen zur Verfügung stellen. Diese Arbeitsteilung hat viele Vorteile; nicht zuletzt den, dass die Stiftung keine eigenen Kapazitäten für die Projektarbeit aufbauen muss. Andererseits stehen Förderstiftungen vor einem Problem: Sie sind immer nur so gut wie die Empfänger ihrer Fördermittel. Ist das geförderte Projekt schlecht oder die unterstützte Organisation ineffektiv, so kann die Stiftung ihren Zweck nur ungenügend verwirklichen. Die zentrale Herausforderung der fördernden Stiftungsarbeit ist es daher, die jeweils besten Empfänger für die Fördermittel zu finden.

Die in den Interviews befragten Stifter haben sehr unterschiedliche Lösungen für dieses Problem gefunden. Gemeinsam ist ihnen, dass nur die wenigsten die Förderung öffentlich ausschreiben, da sie eine Flut von Anträgen befürchten, die die Arbeit der Stiftung blockieren könnte. Deshalb arbeiten viele mit etablierten Organisationen zusammen, die eine Vorauswahl treffen und dem Stifter besonders förderungswürdige Projekte oder Personen vorschlagen. Diese Zusammenarbeit geht in einigen Fällen so weit, dass die Partnerschaft institutionalisiert wird. Stifterin R zum Beispiel hat ihre Stiftung unter dem Dach einer internationalen Hilfsorganisation gegründet, die ihr jeweils nach ihren Vorgaben Projekte zur Förderung vorstellt.

Auch die Stiftung von Frau G, die Familien in Notlagen unterstützt, arbeitet nicht direkt mit den Empfängern zusammen, sondern »reagiert auf Anfragen von Einrichtungen, die sich in Notsituationen an die Stiftung wenden«. Die Kinderheime und Sozialstationen der Region wissen, dass es die Stiftung gibt, und beantragen bei Bedarf im Namen der Betroffenen eine Förderung. Ähnlich arbeitet auch die Stiftung von Herrn V, die zwar Hilfen an Einzelpersonen vergibt, die Anträge aber durch Betroffenenvereine oder Kliniken prüfen lässt. Dadurch wird sichergestellt, dass die Empfänger tatsächlich betroffen sind.

Der Stifter A wiederum bekommt »Empfehlungen durch eine befreundete große Stiftung«. Da diese große Stiftung stark in der Öffentlichkeit steht, erreichen sie so viele Anträge, die sie aber nicht alle fördern kann. Gute Bewerber, die vielleicht nicht zu den aktuellen Förderschwerpunkten passen, leitet die Stiftung dann an Stifter A weiter, sodass allen Beteiligten gedient ist.

Hilfe zur Selbsthilfe ist das wichtigste Kriterium

Die Kriterien, nach denen die Auswahl der Empfänger getroffen wird, unterscheiden sich naturgemäß von Stifter zu Stifter stark: Bei eher forschungsorientierten Stiftungen steht die fachliche Qualität im Vordergrund, bei Sozialstiftungen oft die akute Not. Einen roten Faden, der die unterschiedlichen Kriterien verbindet, gibt es allerdings: Ausnahmslos alle Stifter, die interviewt wurden, legen Wert darauf, Hilfe zur Selbsthilfe zu leisten. »Wenn ich helfen will«, so sagt es Herr U, »dann muss ich so helfen, dass die Hilfssubjekte nicht immer in ihrer Hilfsbedürftigkeit verbleiben.«

Dieselbe Überlegung ist auch für Herrn W ausschlaggebend: »Wir können nicht dort helfen, wo jemand nur die Hand aufhält, sondern dort, wo die Hand selber tut – das ist das produktive Element. Der Stiftungsgedanke ist, dieses Selbstverantwortliche in der Gesellschaft hochzuhalten.«

Die Rolle der Stifter in ihrer Stiftung

Formen und Ausmaß des Engagements

Dass sich Stifter stark in ihren Stiftungen engagieren, ist bereits deutlich geworden – nicht zuletzt an ihrer starken Stellung in den Gremien, die im vorangegangenen Kapitel diskutiert wurde. Das folgende Kapitel greift das Engagement der Stifter noch einmal systematisch auf und rückt die Art, den Umfang und die Erwartungen in den Mittelpunkt.

Stifter stiften mehr als »nur« Geld

Der distanzierte Mäzen, der die Aktivitäten seiner Stiftung aus der Distanz verfolgt, ist selten. Bei der Frage, wie stark sie ihr persönliches Engagement für die Stiftung einschätzen, geben fast drei Viertel

Abbildung 25: Persönliche Einschätzung des Engagements in der Stiftung

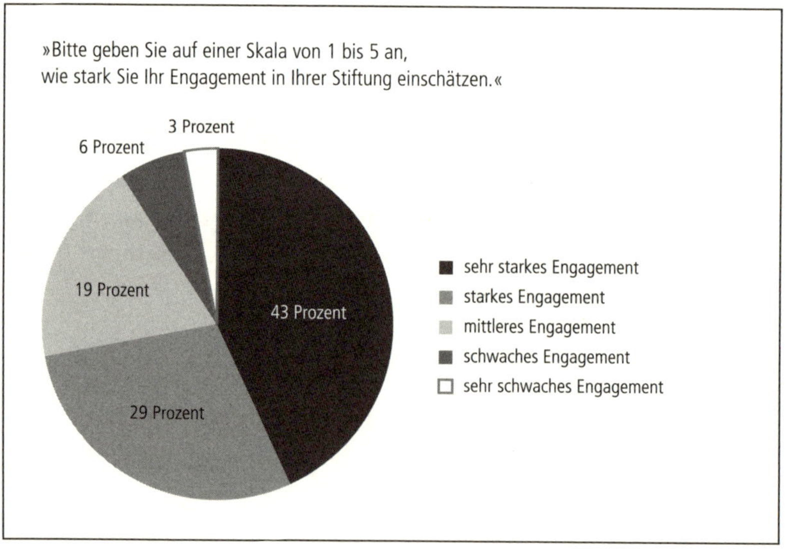

n = 577
Quelle: Hauptumfrage StifterStudie

»stark« oder sogar »sehr stark« an. Einschätzungen, die auf ein geringes Engagement hindeuten, liegen unter der Zehn-Prozent-Marke, wie Abbildung 25 zeigt.

Diese Zahlen spiegeln die Selbsteinschätzungen der Stifter wider und erlauben keine repräsentativen Rückschlüsse auf die genaue Zeit bzw. Stundenzahl, die Stifter auf ihre Stiftungen verwenden. Anhaltspunkte zu diesem Umfang liefern jedoch die Interviews.

Unter den direkt befragten Stiftern waren durchaus mehrere, die ihr Engagement als eher gering einschätzten. So ist etwa Stifterin L im Vorstand ihrer Stiftung vertreten, die aktive Arbeit überlässt sie jedoch ihren Vorstandskollegen: »Was ich tun konnte, habe ich getan, und das müssen die anderen jetzt weiter tragen.« Auch Herr Z setzt sich nicht stark ein: »Ich bin auf dem Laufenden, aber mehr nicht.«

Mehrere der Interviewpartner betreiben ihre Stiftung jedoch fast als Vollzeit-Job. Die Stiftung von Frau G zum Beispiel besteht aus »100 Prozent eigenem Engagement«, sagt sie im Interview. Sie betreibt »intensives Fundraising im Bekanntenkreis und darüber hinaus«, macht die gesamte »Pressearbeit, Büroarbeit, alle notwendigen Reisen« und investiert dafür neben den Erträgen des Stiftungsvermögens »eigenes Geld und eigene Zeit«. Das Privileg, sich der Stiftungsarbeit zu widmen, ist durchaus nicht nur Privatiers vorbehalten. Auch Unternehmer, die noch aktiv im Berufsleben stehen, bestätigen, dass sie für die Stiftung Zeit freimachen; bei Stifter O ist es ein halber Tag pro Woche, bei Frau J oft mehr als ein ganzer Tag. Den Grund für die Bereitschaft, sich trotz beruflicher Verpflichtungen für die Stiftung einzusetzen, macht Herr P deutlich: »In meiner Position ist selten was erzwungen – wenn mir etwas keinen Spaß macht, dann delegiere ich das an meine Mitarbeiter. Aber die Stiftung, das muss ich selber machen, und das möchte ich selbst machen.«

Die Umfragedaten zeigen, dass es einen deutlichen Zusammenhang zwischen der Stiftungsgröße und dem Ausmaß des Engagements gibt, das sich auf die sechs abgefragten Vermögensklassen wie folgt verteilt: Zeitlich engagieren sich diejenigen am stärksten, die am meisten investieren, nämlich die Gründer von Stiftungen mit einem Kapital von mehr als 2,5 Millionen Euro. Von dieser Ausnahme abgesehen kann man sagen: je kleiner das Vermögen, desto höher das zeitliche Engagement. Denn das zweitstärkste Engagement weisen die Stifter mit der geringsten Kapitalausstattung auf, danach nimmt das Engagement mit der Höhe des Stiftungsvermögens stetig ab, um bei den größten Stiftungen wieder plötzlich zuzunehmen. Wo Kapital fehlt, ersetzen Stifter die fehlenden finanziellen Mittel also durch ihre »Zeit-Spenden«.

Diese Zeit wird allerdings nicht nur auf Gremiensitzungen verwendet. Zwar sind 84 Prozent der Stifter in den Gremien ihrer Stiftungen vertreten; aber viele engagieren sich noch weit darüber hinaus: 53 Prozent beteiligen sich aktiv an der Suche nach Projekten und nach geeigneten Fördermittelempfängern; 42 Prozent schalten sich in die Projektarbeit, also in die konkrete Durchführung der Maßnahmen ein, und 32 Prozent engagieren sich im Fundraising für ihre Stiftung.

Das Engagement steigt im Lauf der Zeit

Bereits die Erkenntnis, dass die meisten Stifter planen, das Kapital ihrer Stiftung aufzustocken, belegt die Bereitschaft, das Engagement im Laufe der Zeit erheblich auszuweiten. Ohnehin bleibt es bei den wenigsten Stiftern dabei, dass sie ihre Stiftung nur mit Kapital ausstatten. Insgesamt 60 Prozent der Befragten geben an, dass sie ihrer Stiftung darüber hinaus auch noch durch Spenden zum laufenden Betrieb unter die Arme greifen; in 16 Prozent der Fälle machen diese Zuwendungen über die Hälfte des gesamten Stiftungsbudgets aus.

In den Interviews, die diese Frage weiter vertieft haben, wird deutlich, dass diese Zuwendungen nicht nur aus direkten Geldspenden bestehen. Oft werden auch Sachkosten übernommen; ihre Reisekosten rechnen fast alle interviewten Stifter privat ab; und gerade diejenigen, die Fundraising betreiben, zahlen oft auch die Verwaltungskosten aus der Privatkasse, damit tatsächlich jeder Cent den Projekten zugute kommt.

Die Interviews machen darüber hinaus deutlich, dass das Engagement von Stiftern im Laufe der Zeit deutlich wächst, und zwar nicht nur hinsichtlich der Kapitalaufstockungen, sondern auch hinsichtlich der investierten Zeit. Das liegt zum einen daran, dass viele Stiftungen perspektivisch mit Blick auf den Ruhestand gegründet werden. Zwar werden die Grundlagen schon zur aktiven Zeit gelegt, aber richtig losgehen soll es erst nach dem Ausscheiden aus dem Beruf. So ist etwa auch Frau D »momentan noch berufstätig, aber in drei Jahren möchte ich aktiv an den Start gehen und mich in die Arbeit einschalten: Bewerber besuchen und beraten, Trainer für die Weiterbildungen auswählen«.

Viel wichtiger ist zum anderen allerdings das Ergebnis, dass viele Stifter regelrecht in die Arbeit »hineingesogen« werden. Das eindrucksvollste Beispiel hierfür ist das Stifterpaar S, das zunächst nur ein sehr konkretes Projekt in einer afrikanischen Wüstenregion angehen wollte. Schnell stellte sich dann heraus, dass man dort, wo man einen Brunnen baut, auch neue Bewässerungssysteme braucht. Damit die Menschen die Bewässerungssysteme nutzen können, müssen sie geschult werden, also muss eine Schule gebaut werden, für die Lehrer angestellt werden müssen – eins führte zum anderen. Was vor mehreren Jahren als einmalige Aktion begann, ist heute, so Herr und Frau S, »ein sozialpolitisches Experiment erster Ordnung, von dem man erstmal schauen muss, wie es ausgeht«.

Diese Entwicklung war natürlich nur deswegen möglich, weil die Stifter mit der Arbeit ihrer Stiftung zufrieden waren und bei ihren Besuchen vor Ort die entsprechenden Rückmeldungen bekamen. In diesem Punkt sind sich alle Stifter einig: Sie erwarten nicht devote Dankbarkeit, aber sehr wohl ein »Danke« und eine Rückmeldung darüber, was ihre Mittel bewirkt haben. So steht für Stifter V fest: »Das ist das, was einen immer wieder motiviert; wo man sich sagt: ›Das ist es einfach wert‹ – einfach das Feedback zu wissen, dass man diesen Kindern wirklich eine Chance gibt – das ist einfach ein tolles Gefühl, dafür lohnt sich der Einsatz und die Arbeit.« Demgegenüber empfindet er es als »frustrierend, wenn man das Gefühl hat, man wird nur noch als selbstverständlich erachtet. Das nimmt einem die Freude an der Arbeit«.

Dieses Problem haben Stifter allerdings erfreulich selten. Die in Stiftungskreisen oft geäußerten Klagen über mangelnde Rückmeldungen der Empfänger werden von unseren Ergebnissen nicht bestätigt: Laut der Nacherhebung haben nur vier Prozent der Stifter ein »großes Problem« mit mangelnden Rückmeldungen, 26 Prozent haben ein gewisses Problem, und für 70 Prozent stellt dies überhaupt kein Problem dar.

Viele Stifter wollen im Verborgenen wirken

Die Umfrageergebnisse zeigen, dass sich viele Stifter zwar aktiv engagieren, aber dennoch im Hintergrund bleiben wollen. Auf einer Skala von 1 (»stark in der Öffentlichkeit«) bis 5 (»anonym im Hintergrund«) ergibt sich eine relativ gleichmäßige Verteilung mit einem Übergewicht derjenigen Stifter, die keinen Wert auf ein öffentliches Wirken legen. Für viele Stifter gilt offensichtlich die Feststellung von Herrn Z:

Abbildung 26: Stifter in der Öffentlichkeit

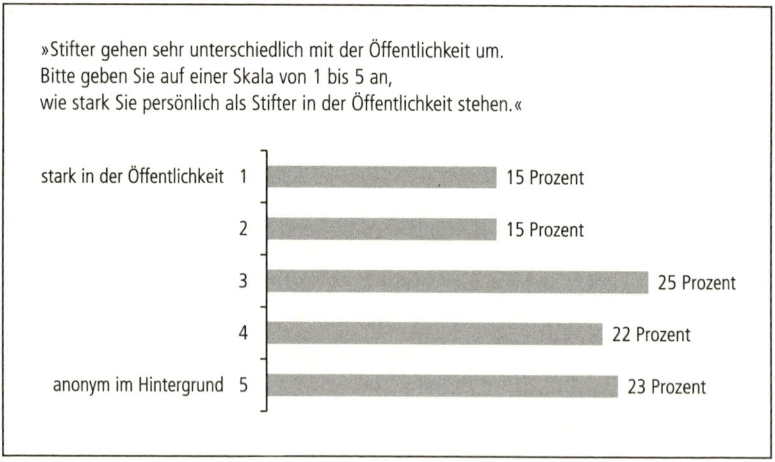

n = 618
Quelle: Hauptumfrage StifterStudie

»Anonymität ist mir wichtig, und daran soll sich durch die Stiftung nix ändern – ich will keinen Rummel! Ich strebe nicht nach Ruhm.«

Es überrascht kaum, dass die Bereitschaft, an die Öffentlichkeit zu gehen, und die Intensität des Engagements deutlich miteinander zusammenhängen. 85 Prozent derjenigen, die angeben, sich öffentlich stark für die Stiftung einzusetzen, bezeichnen ihr Engagement für die Stiftung als »sehr stark«. Keinen deutlichen Zusammenhang gibt es demgegenüber zwischen dem öffentlichen Eintreten für die Stiftung und der Namensgebung. Unseren Daten zufolge geht ein starkes öffentliches Engagement nicht notwendigerweise damit einher, dass die Stiftungen den Namen des Stifters tragen.

Welche Faktoren beeinflussen die Zufriedenheit von Stiftern?

Untersuchungen zu den Erfolgsfaktoren der Stiftungsarbeit sind äußerst selten. Angesichts des Problems, dass sich die Aktivitäten von Stiftungen kaum in objektiven Kennzahlen abbilden lassen, stoßen systematische Untersuchungen schnell an ihre Grenzen. Denn es gibt keinen unabhängigen Maßstab, mit dem sich beurteilen ließe, ob eine Stiftung eher in Bildungs- oder in Umweltthemen investieren sollte; ebenso schwierig ist es, zwei unterschiedliche Stiftungen oder zwei Stiftungsprojekte auf ihre gesellschaftliche Wirkung hin zu vergleichen.

Eine wichtige Größe gibt es allerdings: die Zufriedenheit des Stifters. Denn unabhängig davon, wie man den Erfolg einer Stiftung objektiv beurteilen mag – die subjektive Zufriedenheit ihres Stifters ist der zentrale Maßstab, an dem sich eine Stiftung messen kann und messen muss.

Aus diesem Grund haben wir versucht, mit der Nacherhebung der StifterStudie einige Anhaltspunkte zu der Frage zu gewinnen, wovon die Zufriedenheit von Stiftern abhängt. Zu diesem Zweck haben wir eine Reihe von Fragen gestellt, die auf Strategien und Maßnahmen der Stiftungsarbeit abzielen: Konzentrieren sich die Aktivitäten der Stiftung auf ein bestimmtes Thema oder eine bestimmte Region? Folgt die Auswahl von Projekten und Fördermaßnahmen klaren Kriterien? Zielen die Projekte der Stiftung auf eine direkte Wirkung? Beteiligen Sie sich als Stifter aktiv an der Stiftungsarbeit?

Setzt man die Antworten auf diese Fragen in Beziehung zu dem Grad, zu dem die Stifter die Ziele ihrer Stiftung erreicht sehen, ergeben sich zahlreiche interessante Rückschlüsse. Das zentrale Ergebnis verwundert im Lichte der bisherigen Erkenntnisse nicht: Je besser die Stiftung aus Sicht der Stifter ihre Ziele verwirklicht, desto zufriedener sind die Stifter.

Erfolgsfaktoren: Persönliches Engagement, Konzentration auf ein Thema, Erfolgskontrolle und klare Auswahlkriterien

Fragt man nach den wichtigsten Faktoren für den Grad der Zielerreichung, treten mehrere Aspekte in den Vordergrund. Ganz deutlich hängt die Zielerreichung von der Intensität des persönlichen Engagements des Stifters ab: Die engagiertesten Stifter sind gleichzeitig diejenigen, die ihre Ziele am besten verwirklicht sehen. Dasselbe gilt für die persönliche Zufriedenheit mit der Stiftung; auch sie ist bei den am stärksten engagierten Stiftern am höchsten. Interessanterweise beschreiben beide Werte eine U-Kurve: die wenig aktiv engagierten Stifter sind zufriedener mit der Wirkung ihrer Stiftung als diejenigen, die ihr Engagement als mittelstark beschreiben.

Abbildung 28 zeigt, dass zudem eine klare Korrelation besteht zwischen dem Grad der Zielerreichung und der Bereitschaft, sich auf ein Thema zu konzentrieren. Je mehr sich die Stiftung thematisch fokussiert, in desto höherem Maße werden die Ziele des Stifters erreicht. Dort wo Stifter angesichts der Vielzahl von Anfragen und Förderungsmöglichkeiten mehrere Schwerpunkte bearbeiten, geht die größere thematische Breite zu Lasten der Effektivität.

Gerade die Unternehmer unter den Stiftern – aber bei weitem nicht nur diese – formulieren hohe Ansprüche an die Effizienz und Effektivität ihrer Stiftungsarbeit. »Es gibt nichts Schöneres für uns«, so sagt etwa das Stifterpaar S, »als wenn unsere Investitionen – und da bin ich Kaufmann, auch in der Beziehung – den höchstmöglichen Effizienzgrad erreichen.« Für das Paar ist klar: »Wir betreiben unser Geschäft als Profis – dieses Gutmenschentum ist oft nicht effizient und etwas, was wir nicht ertragen würden.«

Die Beurteilung der Effizienz setzt die Bereitschaft voraus, die Aktivitäten der Stiftung auf den Prüfstand zu stellen und auf ihre Wirksamkeit hin zu untersuchen. Tatsächlich bestätigen unsere Ergebnisse einen klaren Zusammenhang zwischen einer regelmäßigen Erfolgskontrolle sowie dem Grad der Zielerreichung einerseits und der Zufriedenheit des Stifters andererseits. Das sichere Wissen um die Erfolge – und Misserfolge – der Stiftung trägt deutlich zu einer höheren Zufriedenheit des Stifters bei. Zudem erreichen diejenigen Stiftungen, die ihre Projekte evaluieren, aus Sicht ihrer Stifter ihre Ziele in einem erheblich höheren Maß als diejenigen ohne Erfolgskontrolle. Dieser Zusammenhang, der in Abbildung 28 dargestellt ist, bestätigt die Vermutung, dass eine regelmäßige Qualitätskontrolle auch in der Stiftungswelt der einzige Weg ist, Probleme frühzeitig zu erkennen und alternative Vorgehensweisen zu entwerfen.

Ein weiterer Erfolgsfaktor der Arbeit von Stiftern ist die Art der Zusammenarbeit mit den Fördermittelempfängern. Fragt man nach der Art und Weise, mit der Stiftungen ihre Leistungen erbringen, so lassen sich zwei unterschiedliche Ansätze systematisch voneinander unterscheiden: Stiftungen können ihre Leistungen direkt erbringen, etwa indem sie Bedürftigen helfen, Nachwuchswissenschaftlern ein Stipendium gewähren oder ein Tierheim finanziell unterstützen. Der entgegengesetzte Pol besteht in einer indirekten Art der Leistungserbringung: Eine Stiftung, die eine Unterrichtseinheit entwickelt, mit der Lehrer ihre Schüler für Wirtschaftsthemen begeistern können, arbeitet indirekt; ebenso wie eine Stiftung, die auf politische Entscheidungsträger einwirkt, um bestimmte Reformen voranzutreiben, die dann einer größeren Bevölkerungsgruppe zugute kommen.

Unsere Daten belegen deutlich, dass die direkte Art der Zusammenarbeit aus Sicht der Stifter einen höheren Grad der Zielerreichung ermöglicht. Darüber hinaus ist auch die Zufriedenheit der

Stifter, die auf eine direkte Zusammenarbeit setzen, höher als die Befriedigung derjenigen, die weniger Wert auf unmittelbare Wirkungen legen. Dieses Ergebnis scheint vor allem deshalb plausibel, weil eine unmittelbare Wirkung erstens schneller zu erreichen und zweitens einfacher nachzuvollziehen ist als eine indirekte.

Unter Professionalisierungsgesichtspunkten sehr erfreulich ist schließlich der letzte Faktor, der Erfolg und Zufriedenheit von Stiftern beeinflusst: die Orientierung an klaren Kriterien für die Auswahl der Fördermittelempfänger. Obwohl die Zahl förderungswürdiger Projekte immer größer sein wird, als die für Förderzwecke zur Verfügung stehenden Mittel, entsteht oft der Eindruck, dass sich viele Stiftungen scheuen, verbindliche Richtlinien für die Vergabe der Mittel zu verabschieden. Schließlich büßt die Stiftung (und mit ihr der Stifter) an Flexibilität ein, wenn sich die Entscheidungen zur Mittelverwendung an bestimmten Prioritäten und Maßgaben orientieren.

Unsere Daten bestätigten allerdings deutlich, dass diese Einbuße an Entscheidungsfreiheit durch die Vorteile verbindlicher Richtlinien mehr als wettgemacht wird: Richtlinien ermöglichen es den Stiftungsgremien, schnelle Entscheidungen zu treffen, die sich gegenüber der Öffentlichkeit nachvollziehbar begründen lassen. Aus diesem Grund schlägt sich das Vorhandensein von Richtlinien nicht nur in einer höheren Zufriedenheit der Stifter nieder, sondern auch in der positiven Einschätzung der Zielerreichung (Abb. 27 und 28).

Obwohl diese Ergebnisse nur erste Anhaltspunkte für die Erfolgsfaktoren von Stiftungsarbeit bieten können, entsteht ein relativ konsistentes Bild: Je stärker Stifter Wert auf ein strategisches Vorgehen legen, desto besser erreichen sie ihre Ziele. Stiftungen, die sich fokussieren, die ihre Aktivitäten kritisch prüfen und ihre Entscheidungen an klaren Kriterien ausrichten, werden nicht nur den gesellschaftlichen Anforderungen, sondern auch den Erwartungen ihrer Stifter besser gerecht als Stiftungen, die ihre Mittel nach dem Gießkannenprinzip vergeben.

Abbildung 27: Zufriedenheit

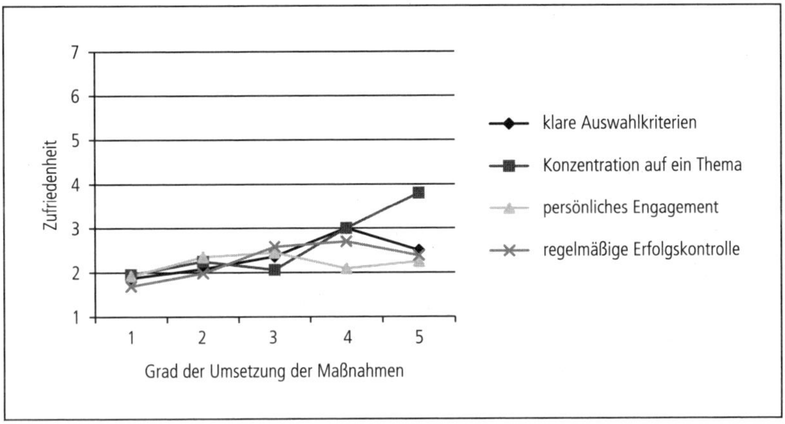

n = 164–175 Mittelwerte einer Fünfer-/Siebener-Skala
(1 = trifft völlig zu, 5/7 trifft gar nicht zu), Durchschnitt der Zufriedenheit: 2,1
Quelle: Nacherhebung StifterStudie

Abbildung 28: Zielerreichung

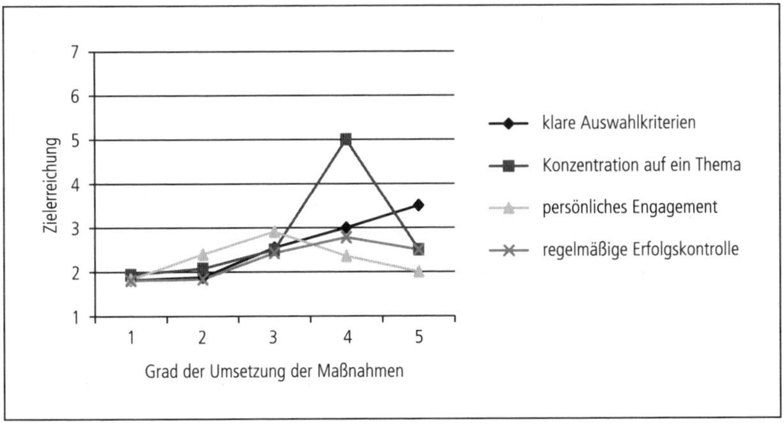

n = 159–169, Mittelwerte einer Fünfer-/Siebener-Skala
(1 = trifft völlig zu, 5/7 trifft gar nicht zu), Durchschnitt der Zufriedenheit: 2,1
Quelle: Nacherhebung StifterStudie

Herausforderungen bei der Gründung und Führung einer Stiftung

Fragen und Herausforderungen bei der Gründung einer Stiftung

Eine Stiftung zu gründen gehört typischerweise zu denjenigen Erfahrungen, die man nur einmal im Leben macht. Obwohl viele Stifter bereits ein Unternehmen aufgebaut oder einen Verein gegründet haben, fehlen doch die einschlägigen Vorerfahrungen, wenn es daran geht, eine Stiftung ins Leben zu rufen. In dieser Situation stehen Stifter vor einer Reihe von speziellen Fragen und Herausforderungen. Diesen Fragen widmete sich die Nacherhebung der StifterStudie, deren Ergebnisse im Folgenden vorgestellt werden.

Tabelle 2 zeigt die Fragen, welche die Stifter bei der Gründung ihrer Stiftung besonders beschäftigt haben. Fasst man die Fragen zu inhaltlichen Clustern zusammen und gewichtet sie, wird deutlich, dass viele Stifter zunächst Bedarf an einer generellen Orientierung hatten: Der Hälfte der Stifter war nicht klar, wie eine Stiftungsgründung überhaupt vor sich geht; 40 Prozent wussten nicht, an wen sie sich wenden konnten, um Informationen und Hilfestellungen zu bekommen. Die meisten Stifter brauchen also zunächst allgemeine Auskünfte, mit denen sie sich dem Stiftungsthema nähern konnten.

Die Inhalte und ihre Umsetzung stehen im Vordergrund

Das zweitwichtigste Cluster von Fragen, vor denen Stifter bei der Gründung stehen, betrifft die Arbeitsweise und die Zweckverwirklichung der Stiftungen: Welche Personen sollen später gefördert werden? Welche Arbeitsweise soll die Stiftung haben? Wie finde ich den richtigen Zweck? Dieses Ergebnis ist plausibel und nahe liegend. Schließlich werden Stiftungen gegründet, weil Stifter einen bestimmten gemeinnützigen Zweck verfolgen möchten. Entgegen der Wahrnehmung, dass Stifter primär an den technischen Fragen der Umsetzung interessiert sind, bestätigt die Studie, dass bei der Gründung vielmehr Fragen der effektiven Zweckverwirklichung im Vorder-

Tabelle 2: »Welche Fragen haben Sie bei der Gründung Ihrer Stiftung besonders beschäftigt?«

generelle Orientierung	
47 Prozent	Wie geht das überhaupt vor sich, eine Stiftung zu gründen?
40 Prozent	An wen kann ich mich wenden, um Informationen und Hilfestellungen zu bekommen?
Arbeitsweise/Zweckverwirklichung	
49 Prozent	Welche Personen/Organisationen sollen später gefördert werden?
44 Prozent	Durch welche Arbeitsweise verwirklicht die Stiftung meine Vorstellungen am besten?
40 Prozent	Wie finde ich den »richtigen« Zweck für meine Stiftung?
Organisation/Personal	
43 Prozent	Wer führt meine Stiftung nach meinem Tod weiter?
41 Prozent	Wie finde ich geeignete Gremienmitglieder?
33 Prozent	Welche Führungsstruktur/Gremien soll die Stiftung haben?
31 Prozent	Wie finde ich einen vertrauenswürdigen Treuhänder/Verwalter für meine Stiftung?
Recht, Vermögen, Steuern	
52 Prozent	Wie gewährleiste ich, dass die Satzung juristisch einwandfrei ist?
35 Prozent	Wie kann ich die Stiftung zum Bestandteil meiner Nachlassplanung machen?
34 Prozent	Wie lege ich das Vermögen an?
23 Prozent	Wie kann ich die Stiftung steuerlich am besten geltend machen?
Sonstiges	
28 Prozent	Wie kann ich zusätzliche Mittel (Spenden, Zustiftungen) einwerben?
20 Prozent	Wie kann ich meine Familie in die Stiftung einbeziehen?

n = 163–173, Top-eins-Antwort auf Dreier-Skala (»hat mich sehr beschäftigt«)
Quelle: Nacherhebung StifterStudie

grund stehen. Stifter möchten sicherstellen, dass ihre Stiftung später keine leere Hülle bleibt, sondern ihre Vorstellungen möglichst gut verwirklicht.

Eng verbunden mit der Zweckverwirklichung ist der Komplex Organisation und Personal, also die Frage danach, welche Strukturen die Stiftung braucht, um die Zwecke dauerhaft verfolgen zu können. Dabei stehen Stifter vor dem besonderen Problem, dass die Stiftung nur ihren Willen, nicht aber ihre eigene Person unsterblich macht. Die Frage, wer die Stiftung nach ihrem Tod weiterführen soll, hat 43 Prozent der Stifter bei der Gründung sehr beschäftigt.

Die Antwort auf diese Frage kann auf zweierlei Art und Weise erfolgen: zum einen durch die Auswahl geeigneter Gremienmitglieder, die die Stiftung fortführen, zum anderen durch eine ausgewogene Gestaltung der Stiftungsgremien. Von der Lösung dieser beiden Probleme hängt mehr als von allem anderen die langfristige Arbeitsfähigkeit einer Stiftung ab. Da Stiftungen als eigentümerlose Vermögensmassen keine Mitglieder oder Gesellschafter haben, die einen korrigierenden Einfluss ausüben könnten, kommt den Gremien eine überragende Bedeutung zu. Entsprechend große Bedeutung nehmen daher die Besetzung und Gestaltung der Gremien bei den Gründungsüberlegungen der Stifter ein.

Bei den technischen Fragen der Stiftungsgründung steht die juristisch einwandfreie Gestaltung der Satzung im Vordergrund; keine andere Frage beschäftigt Stifter so stark wie diese. Mit einigem Abstand folgen Fachfragen für Notare, Bankberater und Steuerberater: Die Testamentsgestaltung spielt ebenso wie die Steuerfrage eine nachgeordnete Rolle. Auffällig wenig Gedanken machen sich Stifter auch über die Frage, wie das Vermögen möglichst gut angelegt werden kann. Nur ein Drittel beschäftigt sich bei der Stiftungsgründung eingehend mit der Vermögensanlage.

Probleme und Informationsbedarf bei Führung und Verwaltung

Dass die bei weitem überwiegende Zahl der deutschen Stifter mit ihren Stiftungen zufrieden ist, ist eines der eindeutigsten Ergebnisse der Studie: 63 Prozent sind »sehr zufrieden«, weitere 27 Prozent »eher zufrieden«. Diese hohe Zufriedenheit – das zeigen die bisherigen Abschnitte – ist im Wesentlichen darauf zurückzuführen, dass die Beschäftigung mit der Stiftung für viele Stifter äußerst anregend und befriedigend ist. Die Nacherhebung zeigt darüber hinaus, dass es in der praktischen Arbeit erfreulich wenig akute Probleme gibt.

Fasst man wieder einzelne Problemkreise zusammen, wird deutlich, dass allenfalls fehlende Unterstützung einen Wermutstropfen für viele Stifter darstellt. Immerhin fast ein Drittel der Stifter beklagt das mangelnde Spendenaufkommen; jeder Fünfte bedauert, dass die Stiftung in Öffentlichkeit und Medien nicht genug Aufmerksamkeit erfährt.

Besonders erfreulich ist die Erkenntnis, dass nur wenige Stifter Probleme bei der Zweckverwirklichung haben. Lediglich ein Prozent der Stifter ist unzufrieden mit der Wirkung, die die Projekte der Stiftung entfalten. Auch die oft gehörten Klagen, man werde von Anträgen überschüttet und bekomme keine Rückmeldung von den Empfängern der Fördermittel, erfahren in der Studie keine Bestätigung.

Neben der externen Arbeit scheint auch die interne Organisation und Verwaltung nur wenige Stifter vor Probleme zu stellen. Bedenklich ist allerdings, dass immerhin neun Prozent der Stifter nicht sicher sind, ob die Stiftung nach ihrem Tod in ihrem Sinne weitergeführt werden wird. Diese Unsicherheit verweist auf eine prekäre Situation: Gerade dort, wo eine Stiftung gegründet wird, weil keine natürlichen Erben vorhanden sind, löst die Stiftung zwar das Verwendungsproblem für das Vermögen, nicht aber das Nachfolge-Problem des Stifters. Er ist nach wie vor darauf angewiesen, Menschen zu finden, die die Stiftung führen. Hier deutet sich ein hoher Beratungsbedarf hinsichtlich der Möglichkeiten an, die Nachfolge-Problematik in Stiftungen zu lösen.

Eine äußerst positive Rückmeldung erfahren schließlich die Berater: Nur zwei Prozent der Stifter beklagen, dass sie bei der Gründung ihrer Stiftung schlecht beraten worden sind.

Tabelle 3: »Mit welchen Problemen haben Sie in der praktischen Stiftungsarbeit besonders zu kämpfen?«

fehlende Unterstützung	
29 Prozent	Die Stiftung erhält nicht genug Spenden bzw. Zustiftungen.
21 Prozent	Die Medien und die Öffentlichkeit widmen der Stiftung nicht genug Aufmerksamkeit.
5 Prozent	Ich habe in der Öffentlichkeit/im Bekanntenkreis mit Vorurteilen gegen Stifter zu kämpfen.
Probleme bei der Zweckverwirklichung	
14 Prozent	Es ist schwer, gute Empfänger für die Stiftungsmittel zu finden.
8 Prozent	Die Stiftung bekommt zu viele Förderanträge.
4 Prozent	Ich bekomme keine ausreichenden Rückmeldungen von den Empfängern der Mittel.
1 Prozent	Die Wirkung der Stiftungsprojekte entspricht nicht meinen Erwartungen.
Schwierigkeiten bei der Organisation/Verwaltung	
9 Prozent	Der tatsächliche Arbeitsumfang übersteigt meine Erwartungen.
8 Prozent	Die Arbeit mit ehrenamtlichen Mitarbeitern ist schwierig.
7 Prozent	Der Verwaltungsaufwand ist mir zu hoch.
Bedenken gegen die Gremien	
9 Prozent	Ich bin nicht sicher, ob die Stiftung nach meinem Tod in meinem Sinne fortgeführt wird.
4 Prozent	Die Vorstands-/Gremienarbeit ist nicht produktiv.
Unzufriedenheit mit Vermögen/Satzung	
9 Prozent	Die Vermögensanlage ist nicht optimal.
1 Prozent	Der Stiftungszweck entspricht nicht mehr meinen Vorstellungen.
2 Prozent	Ich bin bei der Stiftungsgründung schlecht beraten worden.

n = 167–174, Top-eins-Antworten auf Dreier-Skala (»großes Problem«)
Quelle: Nacherhebung StifterStudie

Die meisten Stifter möchten ihre Arbeit weiter verbessern

Ungeachtet der Tatsache, dass nur wenige Stifter akute Probleme in der Arbeit haben, sehen viele die Möglichkeit, die eigene Arbeit weiter zu verbessern. Um eine genauere Vorstellung vom Fortbildungsbedarf von Stiftern zu bekommen, haben wir die 179 Teilnehmer der vertiefenden Erhebung gebeten, zu der folgenden Frage Stellung zu nehmen: »Können Sie sich vorstellen, mögliche Probleme in der Stiftungsarbeit durch die Teilnahme an Weiterbildungs- und Informationsangeboten zu lösen? Für welche Zielgruppe würden Sie sich Angebote wünschen?«

Die Antwort auf diese Frage ist deutlich: Über die Hälfte der Stifter (53 Prozent) sieht die Möglichkeit, die eigene Arbeit durch Weiterbildungs- und Informationsangebote zu verbessern. Angebote für die ehrenamtlichen Mitarbeiter der Stiftung halten 22 Prozent für sinnvoll; Angebote, die sich an die Gremienmitglieder der Stiftung richten, bewerten 21 Prozent positiv. 9 Prozent aller Befragten wünschen sich schließlich Angebote für die hauptamtlichen Mitarbeiter ihrer Stiftung. Angesichts der Tatsache, dass nur 17 Prozent der an der Nacherhebung beteiligten Stiftungen hauptamtliches Personal beschäftigen, entspricht dies einer Quote von über 50 Prozent.

Insgesamt herrscht also ein hoher Bedarf an Informations- und Weiterbildungsangeboten. Dieses Ergebnis widerspricht allerdings den Erfahrungen von Seminaranbietern, die gerade in den Jahren 2003 und 2004 große Probleme hatten, ihre Seminare zu Stiftungsthemen auszulasten. Hier spielt sicherlich zum einen die Kostenproblematik eine Rolle; vielleicht aber auch eine inhaltliche Ausrichtung, die den Bedarf nicht getroffen hat. Dazu kommt noch, dass die wenigsten Stifter Informationen in Form von klassischen Seminarangeboten wahrnehmen möchten.

Zunächst jedoch zu den inhaltlichen Themen, zu denen Stifter mehr erfahren möchten: In der Selbsteinschätzung der Stifter besteht der größte Informationsbedarf beim Thema Öffentlichkeitsarbeit. 43 Prozent gaben dies als Antwort auf die Frage »Zu welchen Fragen würden Sie gerne mehr Informationen erhalten, um die Arbeit Ihrer Stiftung zu verbessern?« Die zweithäufigste Nennung war die Vermögensanlage (37 Prozent), gefolgt vom Thema Kooperationen mit anderen Stiftungen und/oder Vereinen (34 Prozent).

An neuen Anregungen zu erfolgreichen Fundraising-Methoden sind 30 Prozent interessiert; zum Thema Steuer-/Gemeinnützigkeitsrecht wünschen sich 21 Prozent mehr Informationen. 20 Prozent möchten die Fördertätigkeit ihrer Stiftung verbessern, 16 Prozent die Arbeit mit Ehrenamtlichen und elf Prozent die Buchhaltung und Verwaltung. Einen Weiterbildungsbedarf zum Thema Projektmanagement sehen acht Prozent der Stifter, sieben Prozent interessieren sich speziell für Evaluation und nur drei Prozent sehen die Möglichkeit, die Gremienarbeit ihrer Stiftung zu verbessern, indem sie Informationsangebote nutzen.

Hinsichtlich der Form dieser Angebote wünschen sich die Hälfte der Befragten schriftliche Materialien. Gerade im Vergleich zu Seminaren, die mit erheblichem Zeitaufwand sowie mit Reise- und Teilnahmekosten verbunden sind, ist Ratgeber-Literatur preiswert. Man kann sie zu Hause nutzen und den Zeitpunkt und Zeitraum des Lernens frei bestimmen, sodass 47 Prozent der Befragten schriftliche Materialien bevorzugen, während nur elf Prozent der Stifter an Seminaren teilnehmen möchten.

Ein großes – und momentan noch völlig unbefriedigtes – Interesse besteht an einem Austausch mit Gleichgesinnten: 41 Prozent der Stifter entschieden sich bei der Frage »In welcher Form würden Sie selbst Informationsangebote bevorzugt wahrnehmen?« für die Antwort »durch einen Erfahrungsaustausch mit anderen Stiftern«. Netzwerke mit anderen Stiftungen halten demgegenüber nur zwölf Prozent der Stifter für sinnvoll. Online-Angebote via Internet stellen schließlich für 16 Prozent eine attraktive Möglichkeit der Fortbildung dar.

Insgesamt wird deutlich, dass der Bedarf an mehr Informationen durchaus gegeben ist. Die Aufgabe des Stiftungssektors wird es sein, diese Nachfrage zukünftig noch besser als heute zu bedienen. Das Potenzial für Informationsangebote, Ratgeber-Literatur, Netzwerke und Plattformen für einen Erfahrungsaustausch ist bei weitem noch nicht ausgeschöpft. Es liegt in der Verantwortung des Stiftungssektors selbst, Stiftern mehr Angebote zu machen, um die Arbeit ihrer Stiftungen zu verbessern.

Die Beratung von Stiftern

Die Rolle von Beratern

An verschiedenen Stellen der Studie wurde bereits deutlich, dass professionelle Berater eine erstaunlich marginale Rolle spielen, wenn es darum geht, Stifter bei der Gründung und Führung ihrer Stiftungen zu unterstützen.

Bereits bei der Werbung für den Stiftungsgedanken ist die Bedeutung von Beratern relativ gering. Gerade in Bezug auf die Banken ist dieser Befund überraschend. Denn Banken haben zum einen ein großes Geschäftsinteresse daran, ihre Kunden auf den Stiftungsgedanken aufmerksam zu machen, um das Anlagevermögen langfristig an das Haus zu binden. Zum anderen haben Banken eine privilegierte Stellung – sie haben Kontakt zu vermögenden Menschen und genießen deren Vertrauen, das sich oft weit über reine Finanzfragen hinaus erstreckt.

Dennoch geben nur fünf Prozent der 179 Stifter aus der Nacherhebung an, dass der Anstoß zur Gründung von ihrem Bank- bzw. Vermögensberater ausging. Weitere fünf Prozent entfallen auf Anregungen durch einen Rechtsanwalt oder einen Steuerberater; nur zwei Prozent wurden durch die Werbung eines Stiftungsverwalters auf das Thema Stiften aufmerksam.

Diese geringe Quote bestätigt das Ergebnis entsprechender US-amerikanischer Studien, die die Einstellungen von Beratern zu philanthropischen Fragen untersucht haben. Der Council of Michigan Foundations hat Anfang der neunziger Jahre 125 Berater befragt, die auf die Unterstützung wohlhabender Klienten in Fragen der Nachlassplanung spezialisiert waren. 80 Prozent der Befragten gab an, dass sie das Thema Stiften und Spenden nicht von sich aus ansprechen, sondern erst dann, wenn der Klient ein entsprechendes Interesse signalisiert.

Für diese Zurückhaltung wurden vier verschiedene Gründe genannt: Die Berater hatten erstens Angst, dass der Kunde das Thema Stiften als zu persönlich empfinden könnte. Zweitens befürchteten sie, durch den Hinweis auf dieses »weiche« Thema unprofessionell zu wirken. Die Befürchtung, dass die Kunden ihre wirtschaftliche Tätigkeit – und damit den Geschäftsumfang des Beraters – zugunsten der gemeinnützigen Aktivitäten aufgeben könnten, war der dritte Grund, der genannt wurde.

Viertens zeigten sich die Berater zurückhaltend, weil sie selbst nicht über die erforderliche Expertise in Fragen des Stiftens und Spendens verfügten. Indem sie dieses Thema im Kundengespräch vermieden, liefen sie nicht Gefahr, dass der Kunde ein Interesse an gemeinnützigen Fragen entwickeln und sich einen anderen Berater mit mehr Expertise suchen würde (vgl. National Center on Family Philanthropy, 2000).

Ohne dass es für Deutschland vergleichbare Untersuchungen über die Rolle von Beratern bei der Stiftungsgründung gibt, scheinen die Ergebnisse der Studie den internationalen Trend zu bestätigen: Obwohl gerade Finanzberater in einer hervorragenden Position sind, um Menschen auf das Stiften aufmerksam zu machen, sind viele von ihnen zurückhaltend. Hier deutet sich ein großer Handlungsbedarf für zukünftige Maßnahmen zur Förderung und Verbreitung des Stiftungsgedankens an.

Wie bereits beschrieben wurde, setzt sich der Trend einer geringen Beteiligung professioneller Berater fort, wenn man die Stifter danach fragt, wer sie bei der Gründung ihrer Stiftungen aktiv unterstützt hat. Wiederum ist der Anteil der Berater relativ gering; in nur einem Viertel der Fälle wird ein Rechtsanwalt oder ein Steuerberater zu Rate gezogen, ein Bankberater ist sogar nur in elf Prozent der Gründungen beteiligt.

Auch nach der Gründung der Stiftungen verändert sich das Bild nicht. Nur 15 Prozent der Befragten stimmen in der Nacherhebung der Aussage zu »Die Stiftung setzt externe Berater/Dienstleister ein, um die Arbeit professioneller zu gestalten«.

Wenn man bedenkt, dass die Gestaltung einer guten Satzung ebenso wie die Vermögensanlage eine erhebliche Expertise erfordern kann, gibt diese geringe Quote Anlass zu Besorgnis. Der Grund für die Zurückhaltung, professionelle Berater einzusetzen, ist nur zum Teil durch die damit verbundenen Kosten zu erklären. Viele Stifter verzichten nicht nur auf die – kostenpflichtige – Beteiligung von Experten an der Gründung, sondern auch auf die – ehrenamtliche – Einbeziehung von Profis in die Führung ihrer Stiftung. Nur ein Drittel der Stifter beruft Fachexperten in die Gremien, die sich durch eine besondere Kenntnis des Fördergebietes auszeichnen; Rechtsanwälte und Vermögensberater sind in weniger als 20 Prozent in den Gremien vertreten.

Hier zeichnet sich ein bedenklicher Trend ab: Viele Stifter scheuen fachkundige Beratung. Zum Teil mag dieser Verzicht finanzielle Gründe haben. Zum Teil scheint er aber auch darin begründet zu sein, dass Stifter ihre Gestaltungsfreiheit nicht durch die Einflussnahme von Experten beschränken lassen möchten.

Die geringe Quote wird sich daher nur bedingt dadurch steigern lassen, dass mehr preiswerte Dienstleistungs- und Beratungsangebote etabliert werden. Mehr Professionalität setzt auf der anderen Seite auch das Bewusstsein voraus, dass anspruchsvolle Stiftungsarbeit auf die Unterstützung durch fachkundige Dritte angewiesen ist. Das Beispiel der Treuhänder zeigt deutlich, welche Bedeutung professionelle Infrastrukturen für Stifter und den Stiftungssektor insgesamt haben können.

Die Bedeutung von Treuhändern und Stiftungsverwaltern

Unter den 22 Interviewpartnern befanden sich sieben, die die Verwaltung ihrer Stiftung an einen Treuhänder bzw. Verwalter delegiert haben (sechs treuhänderische Stiftungen, eine selbstständige Stiftung). Die besondere Bedeutung dieser Dienstleistungsangebote betonten alle sieben Stifter gleichermaßen.

Stellvertretend für viele andere Beispiele illustrieren die Erfahrungen von Stifterin J, welche Bedeutung Dienstleistungsstrukturen für Stifter haben: Sie hatte sich schon länger mit dem Gedanken an eine Stiftung beschäftigt und versucht, sich selbst weiter einzuarbeiten. Der Mangel an geeigneter Ratgeber-Literatur setzte diesen Bemühungen schnell ein Ende und bestätigte die Vorbehalte, die sie aus ihrem Bekanntenkreis gehört hatte: Eine Stiftung zu gründen ist kompliziert und aufwändig und ohnehin nur etwas, was man mit viel Geld angehen kann.

Zufällig wurde sie wenig später auf einen gemeinnützigen Dienstleister aufmerksam, der Stifter bei der Gründung und Verwaltung ihrer Stiftungen unterstützt. Mit Hilfe dieses Dienstleisters erwiesen sich die Vorbehalte allesamt als falsch: Weder war es kompliziert, die Stiftung zu gründen, noch war es aufwändig oder teuer. Und dadurch, dass die Institution als ein Dach für viele Stiftungen dient und so die Verwaltungsarbeit bündelt, konnte sie auch mit einem mittleren Betrag eine effektiv arbeitende Stiftung gründen. Das Fazit von Frau J fällt daher eindeutig aus: »Ohne die Unterstützung durch die Dachstiftung hätten wir keine Stiftung gemacht.«

Ganz ähnlich erging es Herrn U, der sich zunächst als Zustifter an einer Gemeinschaftsstiftung beteiligte, weil er die übergeordnete Stoßrichtung der Stiftung teilte. Nach und nach kam er allerdings zu der Erkenntnis, dass die Dachstiftung in dem Bereich, der ihm ganz besonders am Herzen lag, nicht genügend Aktivitäten entwickelte. Anstatt eine selbstständige Stiftung zu gründen, entschloss er sich, unter dem gemeinnützigen Dach eine treuhänderische Stiftung zu errichten, die sich seinem ganz speziellen Thema widmen sollte.

Die Dachstiftung half bei der juristischen Umsetzung und übernahm auch die Abstimmung mit dem Finanzamt. »Ich wäre«, sagt Herr U heute, »nie auf die Idee gekommen, selber eine Stiftung zu gründen. Zuvor habe ich mich mit Stiftungsthemen überhaupt gar nicht beschäftigt. Aber als klar war, das geht relativ einfach, dann war eben auch der Schritt viel kleiner.« Wichtig ist nach seinen Erfahrungen zweierlei: ein möglichst einfacher Prozess und ein vertrauenswürdiger Treuhänder.

Die Erfahrungen mit Treuhändern und Verwaltern wurden in der Umfrage nicht abgefragt, sodass nur die Interviewäußerungen der Stifter Anhaltspunkte bieten. Diese Anhaltspunkte sind allerdings sehr eindeutig: Ohne die Unterstützung der teils gemeinnützigen, teils kommerziellen Verwalter hätten mehrere der interviewten Stifter auf eine Gründung verzichtet.

Die besondere Bedeutung der Treuhänder liegt dabei zum einen darin, dass sie die Einstiegshürde in den Stiftungssektor entscheidend absenken. Sie ermöglichen es, eine Stiftung zu gründen, ohne aus eigenen Mitteln eine professionelle Verwaltung aufbauen zu müssen. Zum anderen ist es vielen Stiftern sehr wichtig, bei der Auswahl der Fördermittelempfänger die Unterstützung durch eine etablierte und erfahrene Organisation zu nutzen. So stand für Stifterin R fest, dass sie ihren international ausgerichteten Stiftungszweck allein nie hätte umsetzen können. Deshalb hat sie ihre Stiftung bewusst in Zusammenarbeit mit einer großen, international tätigen Organisation gegründet und sagt heute: »Ich hätte sonst ja auch mein eigenes Ding machen können. Für mich war es ganz wichtig, diesen seriösen und loyalen Partner zu haben, mit dem ich zusammenarbeiten kann.«

Stifterin D betont schließlich noch einen weiteren Aspekt, der ihr wichtig ist: »Mir war schon klar, dass ich einen Treuhänder brauche, dass ich das nicht alleine verwalten kann und da auch gar keine Lust zu hab, zu diesen geschäftlichen und steuerrechtlichen Geschichten.« Diese Aufgaben hat sie an einen Dienstleister delegiert, sodass sie sich ganz dem widmen kann, was ihr Spaß macht: der Projektarbeit.

Zusammenfassend kann man festhalten, dass die Zusammenarbeit mit einem Treuhänder gerade für Stifter, die (zunächst) nur kleinere Summen investieren möchten, von zentraler Bedeutung ist. Aus dieser Bedeutung erwächst jedoch auch eine besondere Verantwortung der Verwalter für den Stifter und seine Stiftung. Denn das Beste für den Stifter ist nicht notwendig das Beste für den Berater. Dieses Spannungsverhältnis wird im Kapitel »Maßnahmen zur weiteren Förderung des Stiftungsgedankens« noch eingehender problematisiert.

III Stifter und Gesellschaft

Stifter und Stiftungen in der öffentlichen Wahrnehmung

Angesichts der Tatsache, dass es insgesamt nur etwa 13 000 Stiftungen in Deutschland gibt, werden die wenigsten der 80 Millionen Bundesbürger über unmittelbare Erfahrungen mit einer Stiftung verfügen. Noch geringer ist die Chance, einem der 1360 Stifter persönlich zu begegnen. Die Wahrnehmung von Stiftungen und Stiftern in der Öffentlichkeit ist daher sehr stark von der Medienberichterstattung geprägt.

Um ein besseres Bild von den Einschätzungen der Bevölkerung zu erhalten, haben wir im September 2004 eine Repräsentativumfrage durchgeführt. Diese Umfrage konzentrierte sich auf die Kenntnisse und Einstellungen der Bevölkerung zum Thema Stiften. Der überwiegende Teil der Fragen, die den Befragten gestellt wurden, stammt aus dem Fragebogen, den wir zuvor den Stiftern vorgelegt haben. Auf diese Weise können wir an vielen Punkten das Selbstbild der Stifter der Wahrnehmung durch die Bevölkerung gegenüberstellen.

Die öffentliche Wahrnehmung von Stiftungen

Stiftungen spielen im Leben der meisten Bundesbürger keine Rolle. So musste die Hälfte der Befragten bei der Frage, welche Stiftung ihnen spontan einfällt, passen. Unter den Stiftungen, die von den Befragten ungestützt, also spontan, genannt wurden, führt die Stiftung Warentest mit einem Bekanntheitswert von 13 Prozent. Die nächsthäufige Nennung, das Rote Kreuz (fünf Prozent), ist eine Institution, die zwar gemeinnützig, aber keine Stiftung ist, gefolgt von der Nennung »Deutsche Krebsstiftung« (fünf Prozent), gemeint ist damit wahrscheinlich die Deutsche Krebshilfe/Dr. Mildred Scheel Stiftung für Krebsforschung. Mit vier bzw. drei Prozent Bekanntheitsgrad folgen dann die parteinahen Stiftungen Konrad-Adenauer-Stiftung und Friedrich-Ebert-Stiftung; gleichauf mit der Bertelsmann Stiftung (vier Prozent) und der VolkswagenStiftung (drei Prozent).

Diesen Nennungen stehen 50 Prozent der Befragten gegenüber, die keine Stiftung nennen konnten. Die ungestützte Bekanntheit ist ein guter Indikator dafür, wie hoch die Bedeutung von Stiftungen im alltäglichen Leben tatsächlich ist. Nur demjenigen, der häufiger die Angebote einer Stiftung nutzt, wird diese Stiftung in einer Befragung spontan einfallen.

Die Abfrage der gestützten Bekanntheit ist demgegenüber ein guter Indikator für die Medienpräsenz von Stiftungen, von denen man schon mal gehört hat. In dieser Befragung sinkt der Anteil derjenigen, die nach wie vor keine Stiftung kennen, auf zwei Prozent. Praktisch alle anderen, nämlich 97 Prozent, kennen zumindest die Stiftung Warentest. Vielen ist darüber hinaus die Konrad-Adenauer-Stiftung (76 Prozent) oder die Bertelsmann Stiftung (65 Prozent) ein Begriff, auch die Friedrich-Ebert-Stiftung ist vielen (57 Prozent) in einer gestützten Befragung bekannt. Weitere große deutsche Stiftungen sind immerhin noch rund einem Drittel der Bevölkerung bekannt: die VolkswagenStiftung (40 Prozent), die Deutsche Bundesstiftung Umwelt (39 Prozent), die Robert Bosch Stiftung (36 Prozent) und die Krupp-Stiftung (31 Prozent).

Bei all diesen Nennungen ist zu beachten, dass nicht überprüft wurde, ob die Assoziation der Befragten richtig war. Es ist zu vermuten, das zumindest diejenigen Stiftungen, die einen Unternehmensnamen tragen, zumindest teilweise von der Bekanntheit der Unternehmensmarken profitieren.

Die Vorstellungen von den Zwecken und Zielen von Stiftungen sind sehr diffus

Es wäre sicherlich übertrieben zu sagen, dass Stiftungen ein Schattendasein führen. Fest steht allerdings, dass in der Öffentlichkeit nicht viel über die Aufgaben und Tätigkeiten von Stiftungen bekannt ist. Das bestätigen auch die Stifter aus ihrer eigenen Erfahrung: »Ich glaube«, so Herr P, »die meisten Bürger wissen gar nicht, was Stiftungen alles tun – das wusste ich ja früher auch nicht.« Verbreitet ist allenfalls die Vorstellung, dass Stiftungen sehr vermögende und recht intransparente Organisationen sind; »etwas, das man mindestens mit mehreren Millionen gründet«, wie Stifter U lange dachte, bevor er sich näher mit dem Thema beschäftigte.

Auf die offene Frage: »Was meinen Sie, welche Ziele und Zwecke verfolgen Stiftungen Ihres Wissens nach?« erhielten wir eine überraschende Antwort: Die meisten Bürger denken, dass Stiftungen vor allem damit befasst sind, Geld für einen guten Zweck zu sammeln. Dies war mit 23 Prozent die häufigste Nennung, die einen erstaunlichen Imagewandel belegt: Waren Stiftungen früher Institutionen, die Geld vergaben, werden sie heute vor allem mit Geldsammeln assoziiert. Für diesen Wandel ist sicherlich die vergleichsweise hohe Medienpräsenz der Fundraising-Stiftungen verantwortlich, die oft mit Prominenten verbunden sind und in Fernsehshows, auf Plakaten und in Anzeigen um Spenden werben.

Die mit 21 Prozent zweithäufigste Nennung bezüglich der Ziele und Zwecke von Stiftungen war »weiß nicht«. Wiederum zeigt sich, dass viele Menschen keine Berührungspunkte mit Stiftungen haben und mit ihnen keine weiteren Vorstellungen verbinden.

Die weiteren Nennungen (Mehrfachnennungen möglich) entfielen auf die klassischen Tätigkeitsbereiche von Stiftungen: Forschung und Wissenschaft (17 Prozent), Unterstützung von Bedürftigen (13 Prozent), Bildung (elf Prozent) sowie soziales Engagement (sechs Prozent). Projekte im Bereich Kunst und Kultur bringen vier Prozent der Befragten mit Stiftungen in Verbindung, weitere vier Prozent meinen, dass Stiftungen sich unter anderem für den Schutz von Natur und Umwelt einsetzen.

Äußerst auffällig ist, dass die Kenntnisse über Stiftungen ganz eindeutig von zwei Faktoren beeinflusst werden: vom Einkommen und vom Bildungsgrad. Der Ost-West- oder Nord-Süd-Vergleich, das Geschlecht, das Alter und der Stadt-Land-Gegensatz spielen demgegenüber keine Rolle. Umso deutlicher hängen die Kenntnisse vom Bildungsgrad ab.

So macht die Antwort »Ich kenne keine Stiftung« bei der ungestützten Abfrage der Bekanntheit insgesamt 50 Prozent aus; differenziert nach Bildungsabschlüssen ergibt sich das folgende Bild: Unter Menschen, die einen Volksschulabschluss haben, ohne anschließend eine Lehre absolviert zu haben, kennen 70 Prozent keine Stiftung, unter denen mit einer Lehre liegt die Quote bei 51 Prozent. Sie sinkt bei den Befragten mit Mittlerer Reife auf 47 und unter den Universitätsabsolventen auf 34 Prozent.

Eine ähnliche Verteilung ergibt sich, wenn man die Antworten mit dem Haushaltseinkommen in Beziehung setzt. Bei Haushalten mit einem Einkommen von unter 1000 Euro liegt die Quote derjenigen, die keine Stiftung kennen, bei 61 Prozent; in Haushalten mit einem Einkommen von über 2500 Euro macht der Anteil nur 40 Prozent aus.

Die Bevölkerungsschichten, die die klassische Zielgruppe von Stiftungen darstellen, haben also am wenigsten Kontakt mit ihren potenziellen Wohltätern. Darüber hinaus ist eben diese soziale Gruppe, sprich die der Ärmeren und weniger Gebildeten, am kritischsten in ihrer Beurteilung von Stiftungen, wie der nächste Abschnitt zeigt.

Die Zustimmung ist nicht einhellig

Im Auftrag des Zentralinstituts für Kirchliche Stiftungen (zks) hat das Marktforschungsinstitut dimap im Jahr 2000 eine Bevölkerungsumfrage zu Einstellungen und Meinungen über Stiftungen durchgeführt. Die Umfrage ergab eine überaus positive Resonanz: 82 Prozent der Bevölkerung finden gemeinnützige Stiftungen richtig; 85 Prozent begrüßen die steuerliche Förderung von Stiftungen; und sage und schreibe 92 Prozent finden es richtig, dass es die Möglichkeit zu stiften gibt (Zentralinstitut für Kirchliche Stiftungen, S. 1 und 3).

Unsere Ergebnisse bestätigen diese positive Grundstimmung nicht, wie Abbildung 29 zeigt. Der entschiedenen Zustimmung zu der Aussage »Es sollte mehr Stiftungen geben« stehen große Zurückhaltung und ausgeprägte Ablehnung gegenüber.

Hinsichtlich der Methode und des Sample sind beide Umfragen durchaus vergleichbar. Die Frage, ob die Unterschiede auf statistische Zufälle oder einen echten Stimmungswandel zurückzuführen sind, kann ohne weitere Untersuchungen allerdings nicht entschieden werden.

Deutliche Übereinstimmungen zeigen beide Umfragen bezüglich der sozialen Bedingtheit der Meinungen über Stiftungen. Wie bereits

Abbildung 29: Zustimmung zu Stiftungen

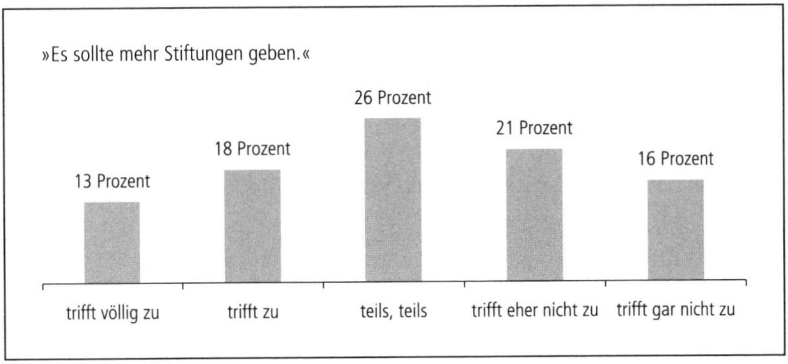

n = 1002, Antworten auf einer Fünfer-Skala
Quelle: Bevölkerungsumfrage StifterStudie

erwähnt, sind vor allem das Einkommen und der Bildungsgrad die Faktoren, die die Einschätzungen prägen. Fasst man die Antworten »trifft völlig zu« und »trifft zu« zu der eben genannten Aussage zusammen und differenziert die Zustimmung nach dem Bildungsgrad, dann ergibt sich, dass sich Menschen mit Lehre zu 25 Prozent mehr Stiftungen wünschen, während dieser Anteil unter den Universitätsabsolventen auf 44 Prozent ansteigt.

Die Vermutung liegt nahe, dass sich unter den Studierten viele Stipendiaten befinden, deren positive Stiftungserfahrungen sich in der relativ hohen Zustimmung niederschlagen. Dass die Zustimmung andererseits in den weniger gebildeten und ärmeren Bevölkerungsschichten stark sinkt, ist ein Krisenzeichen, das Stiftungen in ihrem öffentlichen Auftreten unbedingt berücksichtigen sollten.

Zu diesen Krisenzeichen gehört auch, dass nur 40 Prozent der Bevölkerung der Meinung sind, dass Stiftungen effektiver arbeiten als der Staat. Da die größere Effizienz oft als Argument benutzt wird, um die Steuerbegünstigungen von Stiftungen zu rechtfertigen, ist diese Einschätzung besonders bedenklich.

Was denkt die Öffentlichkeit über Stifter?

Unter dem Titel: »Jackpot Millionengewinn? Vom plötzlichen Geldsegen der neuen Reichen« brachte die ZDF-Sendung »37 Grad« im Sommer 2004 ein Feature über Lottogewinner in Deutschland. Drei Lottomillionäre wurden vorgestellt. Zunächst ein Ehepaar, das alles richtig gemacht hatte: Abgesehen von einer Kreuzfahrt und einigen Extras hatten sie sich von dem Geld nicht beeindrucken lassen, sodass es ihnen gelungen war, ihren gewohnten Lebensstil und Freundeskreis beizubehalten. Der zweite Gewinner hatte es schlechter getroffen – bei ihm war über das viele Geld die Ehe zerbrochen. Besonders zweifelhaft schien der Redaktion allerdings die Idee des dritten Lottogewinners, dieser nämlich hatte den kompletten Gewinn gestiftet.

Es ist durchaus bezeichnend, dass ausgerechnet demjenigen, der seinen Gewinn an das Gemeinwohl verschenkt hat, unlautere Motive unterstellt werden: »Die Finanzspritze macht der 40-Jährige öffentlich«, so der Kommentar aus dem Off, in dem es weiter heißt: »eine wohl nicht ganz selbstlose Entscheidung. Der angenehme Nebeneffekt: Die Politik- und Kunstszene wird auf den Gönner aufmerksam.« Dass neben der persönlichen Geltungssucht darüber hinaus noch »steuerliche Gründe« als Antrieb vermutet wurden, erstaunt nicht: Die Absicht, Steuern zu sparen, gehört – wie auch der Wunsch, sich zu profilieren – zu den verbreiteten Vorurteilen gegen Stifter.

Diese Vorurteile sind kaum zu trennen von allgemeinen Vorbehalten gegen Reiche und ihren Reichtum, der in Deutschland anders als in anderen Ländern, wie Stifter Z bedauert, »nicht mit Leistung gleichgesetzt wird«. Herr V bestätigt ein ausgeprägtes Misstrauen, das ihm bei der Stiftungsgründung entgegenschlug: »Es wird bei wohlhabenden Menschen immer etwas vermutet, was nicht ganz korrekt ist; sprich: Es wird immer vermutet, es gibt einen persönlichen Vorteil, einen persönlichen wirtschaftlichen Vorteil – und den gibt es schlicht und ergreifend nicht.«

Auch wenn nur fünf Prozent der Stifter in der Nacherhebung angaben, sehr mit Vorurteilen gegen Stifter kämpfen zu müssen, enthielten die Interviews genug Hinweise auf Vorbehalte, um die Frage der öffentlichen Wahrnehmung in den Umfragen weiter zu vertiefen.

Vorurteile gegen Stifter sind verbreitet, allerdings weniger stark als die Stifter meinen

Die eben zitierte Sendung über Lottogewinner verweist bereits auf zwei gängige Vorurteile gegen Stifter: Sie setzen ihre Stiftung ein, um Steuern zu sparen und um sich ein Denkmal zu setzen. Ein weiteres Vorurteil, das man auch in der Medienberichterstattung häufiger antrifft, ist, dass Stiftungen nur etwas für besonders Vermögende sind, mithin also ein Spielzeug der Reichen.

Diese drei Vorurteile haben wir den Stiftern in der Hauptumfrage vorgelegt mit der Bitte, uns mitzuteilen, wie stark diese Vorbehalte ihrer

Abbildung 30: Vorurteile gegen Stifter

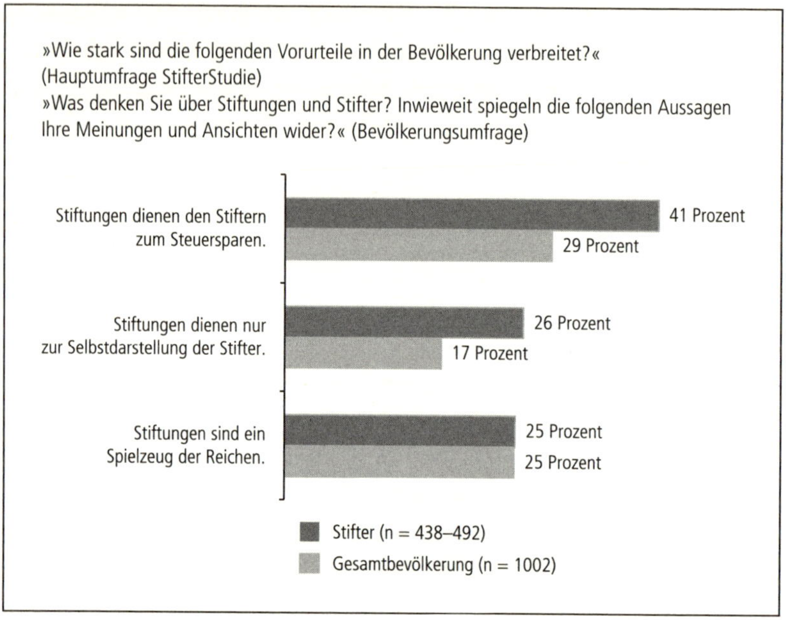

zusammengefasste Antworten »trifft voll zu« und »trifft eher zu« auf einer Fünfer-Skala
Quelle: Hauptumfrage und Bevölkerungsumfrage StifterStudie

Meinung nach in der Bevölkerung verbreitet sind. Gleichzeitig haben wir den Teilnehmern der repräsentativen Bevölkerungsbefragung die Gelegenheit gegeben, zu diesen Aussagen Stellung zu nehmen.

Gemessen an den Einschätzungen der Stifter, muss man feststellen, dass die wahrgenommenen Vorurteile den messbaren Vorbehalten in etwa entsprechen. Insgesamt sind die Vorurteile sogar schwächer ausgeprägt, als die Stifter annehmen.

Der Vergleich zwischen den Einschätzungen der Stifter und den Antworten der Bevölkerung zeigt, dass Vorurteile gegen Stifter in der Bevölkerung durchaus verbreitet sind: Immerhin jeder vierte hält Stiftungen für ein Spielzeug der Reichen, und fast ein Drittel der Bevölkerung ist der Meinung, dass Stiftungen der Steuerersparnis ihrer Stifter dienen, wie Abbildung 30 verdeutlicht.

Selbstbild und Fremdbild der Stifter liegen relativ nah beieinander
Kehrt man die Perspektive um und fragt nach der Überstimmung zwischen den wahrgenommenen und den tatsächlichen Zielen der Stifter, ergibt sich eine noch stärkere Übereinstimmung zwischen Stiftern und Bevölkerung. Um diese Übereinstimmung zu prüfen, haben wir der Bevölkerungsstichprobe einzelne Ergebnisse aus der Stifter-Umfrage zur Beurteilung vorgelegt.

Die Gegenüberstellung der Ergebnisse in Abbildung 31 zeigt, dass Selbst- und die Fremdwahrnehmung hinsichtlich der Ziele erstaunlich nahe beieinander liegen. Im Lichte der anderen Ergebnisse der Umfrage ist dieser Befund sehr erstaunlich. Schließlich kennen die wenigsten eine Stiftung näher – ganz zu schweigen von einem Stifter –, und in der Beurteilung von Stiftungen sind viele eher zurückhaltend.

Das Image von Stiftern, so lässt sich abschließend festhalten, ist also sehr ambivalent: Ungeachtet der Verbreitung von Vorurteilen

Abbildung 31: Selbstbild-Fremdbild

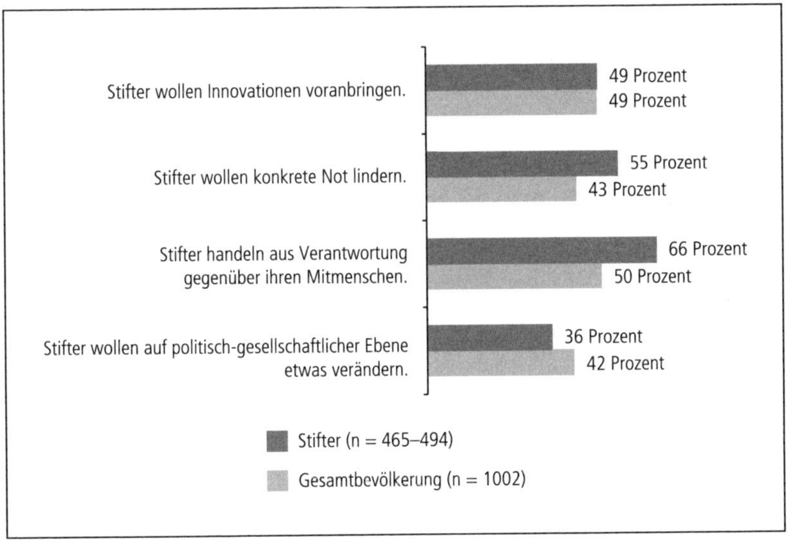

zusammengefasste Antworten »trifft voll zu« und »trifft eher zu« auf einer Fünfer-Skala
Quelle: Hauptumfrage und Bevölkerungsumfrage StifterStudie

assoziieren viele Bürger mit Stiftern äußerst positive Eigenschaften wie Verantwortungsbewusstsein, das Eintreten für Innovationen und ein Engagement für Menschen in Notsituationen. Angesichts dieser Ausgangslage ist die von vielen Stiftern im Interview formulierte Aufgabe umso dringender: Stiftungen und Stifter müssen stärker an die Öffentlichkeit treten, um über ihre Tätigkeit zu informieren.

Aufgaben und Rollen von Stiftungen gegenüber Staat und Gesellschaft

Mittel, die in das Kapital einer gemeinnützigen Stiftung eingebracht werden, sind dem Wirtschaftskreislauf unwiederbringlich entzogen. Weder der Stifter selbst oder seine Erben können das Vermögen aus der Stiftung wieder herauslösen, noch hat der Staat eine Möglichkeit, das Vermögen wieder in den Steuerkreislauf zurückzuholen. Das Geld »gehört« – zumindest theoretisch – auf alle Ewigkeit dem Stiftungszweck, den der Stifter in der Satzung festgelegt hat.

Diese Tatsache hat erhebliche gesellschaftspolitische Implikationen: Viele Stifter gründen ja ihre Stiftung explizit aus dem Grund, weil sie selbst bestimmen wollen, für welchen gemeinnützigen Zweck ihr Geld verwendet wird. Würden Sie diese Mittel über Steuern an den Staat geben, so läge die Entscheidung bei staatlichen Instanzen – die Verwendung stünde unter politischer Kontrolle und hätte eine demokratische Legitimation. So aber bestimmt jeder Stifter für sich persönlich, was das spezielle Gemeinwohl ist, dem seine Mittel zugute kommen sollen.

Stifter und ihre Stiftungen stehen daher in einem Spannungsverhältnis zwischen einem privaten Vergnügen und einem gesellschaftlichen Auftrag, der schließlich die Grundlage für die Steuerbegünstigung ist. Dieses Spannungsverhältnis zwischen Partikularinteresse und Gemeinwohl ist den meisten interviewten Stiftern sehr bewusst. Die Inhalte der Stiftungen, so Herr V, »das sind ja oft auch Leidenschaften der Menschen, die eine Stiftung ins Leben rufen – das heißt am Ende unterstützen sie ihre eigene Leidenschaft und wollen, dass ihre Leidenschaft weiter getragen wird«. Von diesem Problem kann so manche Universität ein Lied singen, an der ein Stifter einen Lehrstuhl für ein Spezialfach gestiftet hat. Oft genug kommt es dazu, dass die Universität nach einigen Jahren die Finanzierung der Stiftungsprofessur übernehmen und dafür andere wichtige Lehrstühle abwickeln muss.

Die persönliche Leidenschaft des Stifters steht daher in einer natürlichen Spannung zu den Anforderungen der Gesellschaft. Nicht alle Stifter teilen dabei die Ansicht von Herrn I, der sein Engagement auf der einen Seite als persönlichen Lebenstraum bezeichnet, aber auf der anderen Seite sagt: »Die Stiftungsarbeit muss enden in einem konkreten und auch zulässigen Nutzen für die Gesellschaft, die von den Motiven des Stifters selbst nicht unbedingt überzeugt sein muss. Es muss ein objektivierbarer Nutzen entstehen, der auch überprüfbar sein muss.«

Diese Unterordnung der Stiftung unter die gesellschaftlichen Bedürfnisse teilen die meisten, aber bei weitem nicht alle Stifter, die an der Umfrage teilgenommen haben. Der Genauigkeit halber sind die exakten Daten in Tabelle 4 aufgeführt. Im Sinne einer besseren Lesbarkeit werden im Folgenden die beiden zustimmenden und ablehnenden Antwortkategorien jeweils zusammenfasst. Die Aussage, »Stiftungen sollten sich nicht nach den Bedürfnissen der Gesellschaft richten, sondern die Interessen der Stifter verwirklichen«, finden nach dieser Lesart insgesamt 56 Prozent der Stifter unzutreffend; aber immerhin 18 Prozent der Stifter können sich dieser Aussage anschließen.

Aus der besonderen Stellung von Stiftungen zwischen Eigennutz und Gemeinwohl ergeben sich zahlreiche Fragen bezüglich der Arbeitsteilung zwischen dem Staat und seinen Bürgern sowie zur gesellschaftlichen Rolle und Legitimation von Stiftungen.

Tabelle 4: Rolle von Stiftungen in der Gesellschaft

Bitte treffen Sie mit Hilfe der Skala von 1 bis 5 zu jeder Aussage ein Urteil.	trifft vollkommen zu	trifft eher zu	teils/teils	trifft eher nicht zu	trifft gar nicht zu
	1	**2**	**3**	**4**	**5**
Stiftungen sollten sich nicht nach den Bedürfnissen der Gesellschaft richten, sondern die Interessen der Stifter verwirklichen.	9	9	26	24	32
Stiftungen sollten Aufgaben wahrnehmen, die der Staat vernachlässigt.	37	33	21	4	5
Stiftungen sollten keine Aufgaben wahrnehmen, die in der Verantwortung des Staates liegen.	16	16	36	19	13
Stiftungen arbeiten effektiver als der Staat.	48	32	17	2	1
Stiftungen sollten Projekte fördern, die sonst keine Möglichkeit auf finanzielle Unterstützung haben.	47	34	16	2	1
Der Staat sollte nicht alle Probleme lösen. Es ist wichtig, dass auch Privatpersonen Verantwortung übernehmen.	53	30	14	2	1
Wenn der Staat so wäre, wie er sein sollte, wären Stiftungen überflüssig.	12	14	25	23	26

n = 533–583, alle Angaben in Prozent
Quelle: Hauptumfrage StifterStudie

Die Arbeitsteilung zwischen Staat und Stiftungen

Wie ein roter Faden zieht sich das Misstrauen gegen den Staat und vor allem gegen Politiker durch die Interviews: Die Erfahrungen mit bürokratischen Hürden, mit Politikern, die nur kurzfristig bis zur nächsten Wahl denken, und mit einer Verwaltung, die zu weit weg von den Problemen ist, schlagen sich in einer insgesamt durchaus staatskritischen Haltung der Stifter nieder.

Auf die Frage nach der Rolle des Staates, die zum Standardprogramm der Interviews gehörte, sprach sich die überwiegende Mehrheit der Stifter dafür aus, die staatliche Verantwortung auf die Absicherung einer Grundversorgung zu beschränken. So steht für Stifter T fest: »Der Staat ist für mich dazu da, die Rahmenbedingungen zu schaffen; mehr nicht.« Das bedeutet allerdings nicht, den Staat aus seiner Verantwortung zu entlassen, wie Herr und Frau I deutlich machen: »Der Staat muss über Steuern dafür sorgen, dass die Bedürftigen eine Mindestlebensqualität haben – das muss die Gemeinschaft zwingend und notwendig als Gemeinschaftsleistung anbieten.«

Wo der Staat sich – nach dem amerikanischen Beispiel – auf die Grundversorgung beschränkt (oder beschränken muss), steht der einzelne Bürger umso stärker in der Verantwortung. »Wenn man gar nichts macht und jammert und schimpft und immer nach dem Staat ruft, da kommt nichts – der Staat kann nicht alles bewältigen«, so Stifterin G. An dieser Stelle schließt sich der Kreis, denn die meisten Stifter verstehen ihr Engagement als einen Beitrag zum Gemeinwohl, der staatliche Leistungen nicht ersetzen, sondern ergänzen soll. Liberale Werte der Selbstverwirklichung und Autonomie gehen mit einer Sorge um das Gemeinwohl und den Grenzen staatlicher Gestaltungsmöglichkeiten einher, wie Stifterin N deutlich macht: »Es ist wichtig, dass sich die Bürger engagieren; der Staat kann nicht alles machen. Der Staat könnte das, was meine Stiftung macht, nicht leisten – wir müssen ihn durch unsere Tätigkeit unterstützen und ergänzen, nicht ersetzen.«

Diese Einstellung spiegelt sich in den Umfrageergebnissen zur Rolle von Stiftungen wider. Stiftungen, so die fast einhellige Meinung, sollen Aufgaben übernehmen, die der Staat vernachlässigt. Wie die Tabelle 4 zeigt, möchten sich nur wenige Stifter dieser Ansicht nicht anschließen. 37 Prozent halten die Aussage demgegenüber für völlig zutreffend, weitere 33 Prozent für eher zutreffend.

Bedeutet das, dass Stiftungen zu Lückenbüßern staatlicher Finanzprobleme werden? Den Ergebnissen des internationalen Forschungsprojektes »Roles and Visions of Foundations« zufolge sehen sich viele Stiftungen mit dieser Frage konfrontiert. Ihrem Anspruch nach, das zeigt die deutsche Teilstudie, möchten Stiftungen nicht als Lückenbüßer agieren. Gleichwohl sehen viele Stiftungen, dass sie sich dieser Tendenz nicht völlig entziehen können und verstärkt gezwungen sind, staatliches Handeln zu substituieren (vgl. Adloff u.a. 2004, S. 95 ff.).

Die Einstellungen der Stifter sind in dieser Frage weniger eindeutig, als man hätte erwarten können. Tabelle 4 zeigt, dass zwar knapp ein Drittel der Stifter der Meinung sind, dass Stiftungen keine Aufgaben übernehmen sollten, die eigentlich in der Verantwortung des Staates liegen. Fast ein Drittel sieht jedoch kein Problem darin, den Staat zu entlasten und ihm Aufgaben abzunehmen. Zu diesem knappen Drittel gehört auch Herr C, der sein Verständnis von Stiftungsarbeit folgendermaßen definiert: »Der Staat hat eine generelle Fürsorgepflicht, die immer Lücken haben wird. Stiftungen können dann sehen, wo hinterlässt die staatliche Fürsorge Lücken und Probleme – da ist eine echte Aufgabe für Stiftungen. Es fallen immer Leute durchs Netz.«

Angesichts dieser uneinheitlichen Positionsbestimmung stellt sich die Frage nach der gesellschaftlichen Legitimation von Stiftungen umso dringlicher.

Die gesellschaftliche Legitimation von Stiftungen

Stiftungen sind elitär und undemokratisch. Ungeachtet aller guten Taten, die Stiftungen vollbringen, drängt sich – soziologisch betrachtet – diese Einschätzung auf. Stifter gehören überwiegend den besser verdienenden und wohlhabenden Schichten der Bevölkerung an; sie entziehen ihr Geld dem Zugriff demokratischer Willensbildungsprozesse, indem sie es in eine Stiftung einbringen. Nicht zu Unrecht gibt es daher, wie Helmut Anheier (vgl. Anheier 2004) gezeigt hat, durchaus Argumente dafür, Stiftungen als einen Anachronismus, als Widerspruch zu einer modernen Bürgergesellschaft zu sehen. Dass sich die Stifter dieser Ansicht nicht anschließen, liegt auf der Hand. Wie aber sehen sie ihr Engagement? Was ist der gesellschaftliche »Mehrwert«, den ihre Stiftungen schaffen?

Kenneth Prewitt, Direktor des U.S. Census Bureau, des amerikanischen Equivalents zum Statistischen Bundesamt, hat 1998 in einem viel beachteten Vortrag vier Möglichkeiten diskutiert, mit denen die Existenz von Stiftungen in einer Bürgergesellschaft gerechtfertigt werden kann (vgl. Prewitt 1999): Stiftungen können erstens ein Umverteilungsmechanismus sein, durch den das Geld reicher Menschen den Armen und Bedürftigen zugute kommt. Zweitens, so Prewitt, könnte man annehmen, dass Stiftungen die Mittel effektiver und effizienter einsetzen als der Staat. Drittens ließe sich argumentieren, dass Stiftungen zukunftsorientiert investieren können, während die staatlichen Haushalte kaum Raum für Innovationen lassen. Aus dieser gesellschaftlichen Pionierfunktion für sozialen Wandel ließe sich ebenso eine Existenzberechtigung ableiten wie aus dem vierten Argument Prewitts, nämlich dass Stiftungen ein Ausdruck und ein Garant für eine vielfältige, pluralistische Gesellschaft sind.

Diese vier Hypothesen – von denen Prewitt alle bis auf die letzte verwirft – bieten einen geeigneten Rahmen, um die Selbsteinschätzungen der Stifter darzustellen.

Stiftungen als Instrument gesellschaftlicher Umverteilung

Zu der Frage, inwieweit die Stifter ihre Stiftung als einen Mechanismus gesellschaftlicher Umverteilung begreifen, bietet die StifterStudie wenig Anhaltspunkte. In den Interviews wurde dieser Aspekt kein einziges Mal genannt. Ein interessantes Ergebnis liefert allerdings die Umfrage, in der wir die Stifter gebeten haben, zu der Aussage »Durch den gemeinnützigen Einsatz von Vermögen wird dieses legitimiert« Stellung zu nehmen. Die Antworten zeigen eine erstaunlich hohe Zustimmung: Immerhin 19 Prozent der Befragten halten sie für völlig zutreffend, weitere 21 Prozent finden, dass sie eher zutrifft. Für »teils/teils« entschieden sich 20 und für »trifft eher nicht zu« 12 Prozent. 19 Prozent weisen die Aussage als völlig unzutreffend von sich, neun Prozent enthielten sich einer Antwort. Differenziert man die Antworten nach Vermögensklassen, ergibt sich, dass die Höhe des privaten Vermögens keinen signifikanten Einfluss auf die Einstellung zu dieser Frage hat: Das Verhältnis von Zustimmung und Ablehnung ist bei den Vermögenden sehr ähnlich ausgeprägt wie bei denen, die über weniger Vermögen verfügen.

Zwar stehen diese Aussagen nicht unmittelbar im Zusammenhang mit der gesellschaftlichen Umverteilung. Die relativ hohe Zustimmung macht aber zwei Dinge deutlich: Viele Stifter haben das Bedürfnis, ihren Wohlstand im gewissen Maße zu rechtfertigen, und gemeinnütziges Engagement spielt eine wichtige Rolle für diese Legitimation.

Das Effizienz-Argument – Rechtfertigung durch Leistung

In der Überzeugung, dass Stiftungen dem Gemeinwohl besser dienen als der Staat, weil sie die Mittel effektiver einsetzen, sind sich fast alle befragten Stifter einig. »Stiftungen arbeiten effektiver als der Staat« sagen insgesamt 80 Prozent der Stifter, nur drei Prozent stimmen dieser Aussage nicht zu (siehe Tabelle 4). Diese Selbsteinschätzung ist nicht verwunderlich: Schließlich werden die Stiftungen gegründet, um genau dies – den effektiven Mitteleinsatz – sicherzustellen; getreu dem »Mantra« von Stifterin J »Jeder Pfennig in die Projekte!«.

Den Effizienzgewinn sehen viele, das wird in den Interviews deutlich, in den schlanken Organisationsstrukturen der Stiftungen, in ihrer Flexibilität und in der größeren Nähe zu den gesellschaftlichen Problemen. Diesen Punkt macht Herr O besonders deutlich. Seiner Meinung nach ist bürgerschaftliches Engagement vor allem deshalb wichtig, weil so »viel mehr Entscheider beteiligt sind. Die zentralen Entscheidungen bringen ja nie was. Da ist das Subsidiäre das viel Bessere – viele kleine Entscheidungen vor Ort, also da wo sie hingehören. Vor Ort privates Engagement unter betriebswirtschaftlichen Aspekten – da kommt was dabei raus.«

Für die bei weitem überwiegende Zahl der Stifter steht außer Frage, dass ihre Stiftung effektiver arbeitet als der Staat. Dieses Argument ist vor allem angesichts der Steuervergünstigungen für Stifter und Stiftungen politisch brisant. Letzten Endes, so könnte man argumentieren, müssen Stiftungen ihre steuerbegünstigte Existenz dadurch rechtfertigen, dass sie ihre Mittel mindestens genauso gut, wenn nicht besser einsetzen als der Staat. Denn dieser ist schließlich für die flächendeckende Gewährleistung des Gemeinwohls zuständig. Dort, wo er zugunsten von Stiftungen auf Steuereinnahmen verzichtet, müssen diese ihre Existenz durch Leistung legitimieren.

Zumindest so lange, wie sie selbst die Geschicke ihrer Stiftung bestimmen, scheinen die deutschen Stifter diese Diskussion nicht zu scheuen.

Stiftungen als Investitionen in das Gemeinwohl

Der Anteil der frei disponierbaren Mittel in öffentlichen Haushalten sinkt beständig gegen Null. Staatliche Mittel für Innovationen, für neue Konzepte und gute Ideen sind rar. Im Gegensatz dazu genießen Stiftungen das Privileg, dass sie bei ihren Entscheidungen über die Mittelvergabe ein hohes Maß an Freiheit und Unabhängigkeit haben. Vor diesem Hintergrund gewinnt die Relation der öffentlichen Mittel zu den Stiftungsgeldern eine neue Bedeutung: Zwar wirken die etwa zehn Milliarden Euro, die die deutschen Stiftungen jedes Jahr ausschütten, angesichts der über 600 Milliarden, die Bund,

Länder und Gemeinden jährlich ausgeben, wie ein Tropfen auf den heißen Stein. Setzt man die zehn Milliarden Euro aber in Relation zu den frei disponierbaren Staatsmitteln, dann verändert sich die Bedeutung. Die Stiftungsmittel machen dann einen großen Teil des Geldes aus, das in diesem Land für Innovationen und Zukunftsthemen zur Verfügung steht. Die Frage ist allerdings, inwieweit Stifter dies als ihre Aufgabe begreifen.

Die Bereitschaft, in Projekte zu investieren, die sonst keine Aussicht auf finanzielle Unterstützung hätten, ist groß. Insgesamt 81 Prozent der Stifter bestätigten, dass dies ihrer Meinung nach eine Aufgabe von Stiftungen ist (siehe Tabelle 4). Dabei geht es nicht nur darum, in Nischen aktiv zu werden, wie die Antworten auf die Frage, nach welchen Kriterien die Stifter über die Vergabe ihrer Mittel entscheiden, zeigen: 49 Prozent der Stifter legen nach den Ergebnissen der StifterStudie großen Wert darauf, dass die Mittel ihrer Stiftung Innovationen voranbringen. Diese Innovationen können in wissenschaftlichen Forschungsergebnissen bestehen oder in avantgardistischer Kunst, in medizinischen Behandlungsmethoden oder neuen Konzepten der Entwicklungshilfe.

Die Stiftungen leisten so einen Beitrag zum sozialen Wandel – ein Ziel, das immerhin über ein Drittel der Stifter ganz bewusst verfolgt: 35 Prozent gaben an, bei der Vergabe ihrer Mittel besonderen Wert darauf zu legen, dass die Mittel auf politisch-gesellschaftlicher Ebene etwas verändern.

In diesem Sinne verstehen viele Stifter ihr Engagement tatsächlich als Investition in das Gemeinwohl. So hat etwa Stifter M »große Vorbehalte gegen weiteres soziales Engagement. In diesem Bereich sind wir überversorgt. Wir sind total unterversorgt, was die Perspektiven dieses Staates betrifft. Karitatives Engagement ist Konsumption; Stiftungen sollten aber in zukunftsgerichtete Projekte investieren.« Für den Unternehmer steht fest, dass sich in der Gesellschaft etwas ändern muss. Außerdem weiß er, dass er wie alle Bürger einen Teil der Verantwortung für diesen Wandel selbst trägt: »Die perspektivische Leere der Politik, die müssen wir Bürger füllen, indem wir selber aktiv werden.« Die Impulse möchte er durch seine Stiftung geben, denn »wer von uns will denn schon in die Politik? Also müssen wir eine Nebenorganisation schaffen.«

Stiftungen als Ausdruck einer pluralistischen Bürgergesellschaft

Der Vorwurf, mit dem Stiftungen in der Öffentlichkeit am häufigsten zu kämpfen haben, ist zugleich dasjenige Argument, das für die meisten Stifter im Vordergrund steht: Die Stiftung ist Ausdruck des persönlichen Verantwortungsgefühls, des gesellschaftlichen Gestaltungswillens ihres Stifters. In der öffentlichen Diskussion leitet sich hieraus oft der Vorwurf ab, dass die Themen, die Stiftungen besetzen, beliebig sind und sich nicht an dem tatsächlichen gesellschaftlichen Bedarf orientieren – wobei allerdings meistens offen bleibt, wer eigentlich entscheidet, was der »tatsächliche« Bedarf ist.

Aus Sicht der Stifter ist die Stifterfreiheit ein Privileg und eine Errungenschaft einer liberalen Gesellschaft: Ohne Stifter, so Herr T, »wäre es sehr viel ärmer in Deutschland. Dass der eine sich mehr für Musik engagiert, der nächste eher für soziale Aufgabenstellungen und der andere für die Natur – das liegt in der Natur der Sache. Das ist die Vielfalt unseres Lebens; das ist die Kreativität, die durch Stiftungen ermöglicht wird.«

Die Überzeugung, dass »Stiftungen ein bürgerschaftliches Gegengewicht zum Staat« sind, wie G sagt, teilen die meisten Stifter. 53 Prozent stimmen der Aussage »Der Staat sollte nicht alle Probleme lösen. Es ist wichtig, dass auch Privatpersonen Verantwortung übernehmen« völlig zu; weitere 30 Prozent halten sie für eher zutreffend. Der Anteil ablehnender Stellungnahmen ist mit insgesamt 3 Prozent verschwindend gering, wie Tabelle 4 verdeutlicht.

Die besondere Bedeutung, die viele Stifter dieser »bürgerlichen« Funktion von Stiftungen beimessen, erinnert sehr an das Wort von den »Schulen der Demokratie«, mit dem Alexis de Tocqueville bereits vor inzwischen 200 Jahren die Besonderheit der amerikanischen »communities« beschrieb. Stiftungen, so fasst Herr C seine Erfahrungen ganz in diesen Sinne zusammen, fördern »die Eigenverantwortlichkeit und das Gefühl, mitverantwortlich zu sein für das Gemeinwohl«.

Stifter B formuliert es abstrakter: Zwar sei der Staat der verlässlichere Verteilungsmechanismus, aber die Gleichmäßigkeit der Verteilung erhalte man nur um den Preis einer großen Bürokratie. Verantwortung für die Gesellschaft oder Gemeinschaftsbewusstsein ist weder Voraussetzung noch Folge dieser Umverteilung, denn schließlich ist Steuerzahlen »Pflicht, nicht Gemeinschaftsaufgabe«. Dort, wo die Kooperation von Bürgern direkter gestaltet wird, wird der Anreiz, sich zu engagieren, größer. »Als Stifter habe ich die unmittelbare Erfahrung zu helfen und bekomme direkte Anerkennung.«

Auch für Herrn I ist dieser Gedanke wichtig, und zwar besonders in Bezug auf Stiftungen, die ohne großes Vermögen auskommen müssen. Gerade kleine Stiftungen sind seiner Meinung nach eine Alternative zur »Orientierung am anonymen Wesen Staat«, weil sie ihren Stiftern erlauben, unmittelbar tätig zu werden. Weniger mit Blick auf die Gesellschaft, sondern mit Blick auf die positiven Rückwirkungen auf die Stifter kommt er daher zu dem Schluss, dass Stiftungen eine »ungemein wichtige soziale, aber auch kulturelle Funktion in unserer Gesellschaft haben«.

Aus diesem Grund geht die gesellschaftliche Bedeutung von Stiftungen weit über die Bewältigung sozialer Aufgaben hinaus. Auch in einer Gesellschaft, in der der Staat »so wäre, wie er sein sollte«, nämlich leistungsfähig, unbürokratisch und innovationsfreudig, hätten Stiftungen eine Berechtigung, findet fast die Hälfte der deutschen Stifter. Nur ein Viertel sieht Stiftungen demgegenüber eher als Nothelfer, die den Staat unterstützen, die aber überflüssig werden, sobald der Staat so wäre, wie er sein sollte (siehe Tabelle 4).

IV Folgerungen und Empfehlungen

Maßnahmen zur weiteren Förderung des Stiftungsgedankens

Die Erhebungen, die der StifterStudie zugrunde liegen, wurden mit wissenschaftlichen Methoden und wissenschaftlichem Anspruch durchgeführt. Trotzdem ist die Studie keine akademische Untersuchung. Mit dem Projekt verfolgt die Bertelsmann Stiftung vielmehr ein sehr konkretes Ziel: Wir möchten die Ergebnisse dazu nutzen, den Stiftungsgedanken in Deutschland zu verbreiten.

Dieses Ziel ist ein langfristiges und erfordert die Anstrengungen einer Vielzahl von Beteiligten. An erster Stelle haben die bestehenden Stiftungen und ihre Verbände und Netzwerke eine Verantwortung für die weitere Förderung des Stiftungsgedankens. Darüber hinaus können aber auch die Medien und die Politik wichtige Beiträge dazu leisten, ein stiftungs- und stifterfreundliches Klima in Deutschland zu schaffen.

Die StifterStudie bietet ein sehr präzises Bild davon, wie dieses Klima beschaffen sein sollte. Die Studie erlaubt daher zahlreiche Empfehlungen zu Maßnahmen, mit denen Stifter noch besser in ihrem Engagement unterstützt werden können. Die Handlungsempfehlungen und Folgerungen, die sich für die unterschiedlichen Beteiligten aus der Studie ergeben, haben wir auf den folgenden Seiten zusammengestellt.

Was kann der Stiftungssektor tun, um mehr Stifter zum Stiften zu ermutigen?

Die größte Verantwortung für das qualitative wie das quantitative Wachstum des Stiftungssektors trägt der Sektor selbst. Dabei geht es nicht darum, dass die deutschen Stiftungen eine aufwändige Werbekampagne für das Stiften starten oder in einer konzertierten Aktion eine zentrale Beratungsstelle für Stifter aufbauen. Viele wirksame Maßnahmen bestehen in kleinen Schritten, mit denen jede einzelne Stiftung für sich und den Stiftungsgedanken insgesamt werben kann.

Stiftungen müssen noch mehr an die Öffentlichkeit gehen

Ein deutlicher Befund der Studie ist, dass das öffentliche Bild von Stiftern und Stiftungen ambivalent ist: Viele Menschen haben keine genaue Vorstellung davon, was Stiftungen tun. Die Zurückhaltung vieler Stiftungen, Informationen über ihre finanzielle Ausstattung und die Entscheidungsstrukturen zu veröffentlichen, trägt dazu bei, dass viele Menschen Stiftungen mit Skepsis betrachten. Hier ist mehr Transparenz dringend geboten.

➡ »Tue Gutes und rede darüber«: Stiftungen müssen sich noch mehr darum bemühen, die Öffentlichkeit über ihre Tätigkeit zu informieren. Beispiele von erfolgreichen Stiftungen sind die beste Werbung für den Stiftungsgedanken. Damit kann jede einzelne Stiftung dazu beitragen, die Aufmerksamkeit, das Vertrauen und die Anerkennung für Stiftungen zu stärken.

➡ Auch wenn Stiftungen rechtlich nicht dazu verpflichtet sind, interne Informationen zu veröffentlichen, sollte Transparenz selbstverständlich sein. Geheimniskrämerei wird den Ansprüchen der Bürgergesellschaft nicht gerecht. Allein die Steuerbefreiungen, die Stiftungen genießen, bringen die Verpflichtung mit sich, der Öffentlichkeit Rechenschaft über die Mittel und ihre Verwendung abzulegen.

Die deutschen Stiftungen müssen sich selbst für die Stärkung des Sektors einsetzen

Die Nacherhebung der Studie belegt eine große Verunsicherung von Stiftern gerade in der Aufbauphase. Gleichzeitig wurde deutlich, dass die Bereitschaft, kostenpflichtige Berater einzusetzen, recht gering ist. Die bestehenden Stiftungen haben nicht nur die Möglichkeit, dieses Dilemma zu lösen, sie haben auch ein unmittelbares Interesse daran: Schlechte Einzelbeispiele fallen auf andere Stiftungen zurück; von einem florierenden Sektor mit starken Partnern profitieren alle.

- ➡ Für jede Stiftung sollte es selbstverständlich sein, Stiftern und Stiftungswilligen auf der Suche nach Informationen weiterzuhelfen. Sei es mit Tipps aus der Praxis, sei es mit Erfahrungen, sei es mit Verweisen auf andere Informationsquellen – Hilfestellungen kann jede Stiftung geben, gleich, wie groß sie ist.
- ➡ Gerade größere Stiftungen sollten es darüber hinaus als ihre Aufgabe begreifen, die Infrastruktur des Sektors durch gezielte Maßnahmen zu fördern. Um ein vielfältiges Angebot an Weiterbildungsmöglichkeiten, Netzwerken und Dienstleistungsstrukturen für Stifter aufzubauen, sind die bestehenden Stiftungen gefordert, entsprechende Initiativen zu starten bzw. zu unterstützen. Es gibt bereits viele gute Beispiele solcher Initiativen; sie reichen von der Initiative Bürgerstiftungen über lokale und regionale Stiftungskreise bis hin zu Informationsplattformen oder Ausstellungen, die Stifter und Stiftungen präsentieren.
- ➡ Stiftungen sind weitgehend ein weißer Fleck in der wissenschaftlichen Forschungslandschaft. Dies liegt sicherlich zum Teil daran, dass das Thema Stiftungen oft quer zum akademischen Fächerkanon liegt. Zahllose Stiftungen haben jedoch bereits bewiesen, dass Stipendien und Forschungsgelder wirkungsvolle Anreize geben können, um das Interesse von Wissenschaftlern auf bestimmte Themen zu lenken. Es wäre wünschenswert, dass mehr Mittel für historische und juristische, aber auch für sozial- und wirtschaftswissenschaftliche Arbeiten über Stiftungen und Stifter ausgelobt werden.

Effiziente Infrastrukturen sind eine wichtige Voraussetzung für das weitere Wachstum

Die Bedeutung von Dienstleitungsangeboten, die Stifter bei der Gründung und Verwaltung ihrer Stiftungen unterstützen, kann kaum genug betont werden. Diese Angebote sind erstens individuell für die Stifter wichtig: Die Betreuung bei der Gründung nimmt Berührungsängste und senkt die Einstiegshürde in den Sektor. Zweitens erhöht die gebündelte Verwaltung einer Vielzahl von Stiftungen die gesellschaftliche Wirksamkeit jeder einzelnen. Drittens belegt die Studie, dass Stifter ihr Engagement deutlich erweitern, wenn die Stiftung ihren Erwartungen gerecht wird. Je besser der Einstieg gelingt, desto größer ist daher die Chance, dass die Stiftung wachsen wird.

- ➡ Es bleibt zu hoffen, dass das Interesse an Stiftungen in den nächsten Jahren weiter steigen wird. Um diese Nachfrage zu befriedigen, müssen die entsprechenden Angebote für Stifter vorhanden sein. Eine entscheidende Rolle werden dabei Dienstleistungsangebote spielen, die Stifter bei der Gründung und Verwaltung ihrer Stiftung unterstützen.
- ➡ Diese Angebote müssen nur einer Anforderung gerecht werden: Sie müssen professionell in dem Sinne arbeiten, dass sie die Vorstellungen des Stifters möglichst optimal umsetzen. Zu diesem Zweck wäre es wünschenswert, dass die Angebote möglichst viele unterschiedliche Zweckbereiche abdecken (Wissenschaft, Kinder, Umweltschutz usw.). Auch eine möglichst große Zahl unterschiedlicher Anbieter erhöht die Chance, dass jeder Stifter für sich den richtigen Träger bzw. Treuhänder findet, sei dieser gemeinnützig, kommerziell, kirchlich oder kommunal.

Stifter brauchen eine neutrale Anlaufstelle für erste Informationen

Für 40 Prozent der Stifter, die wir in der Nacherhebung befragt haben, war es ein großes Problem, nicht zu wissen, wen sie insbesondere anfangs um erste Informationen und Hilfestellungen bitten konnten. Die Hälfte aller Stifter hat zunächst überhaupt keine klare Vorstellung davon, wie eine Stiftungsgründung vor sich geht und was dabei zu beachten ist. Die Aufgabe, Stiftern über diese ersten Hürden zu helfen, hat eine hohe Bedeutung, ohne notwendigerweise mit viel Aufwand verbunden zu sein.

➡ Als übergeordneter Dachverband ist der Bundesverband Deutscher Stiftungen in der besten Position, Stiftern erste Informationen zur Verfügung zu stellen. Tatsächlich bestätigen mehrere Interviewpartner, dass der Bundesverband ihre erste Anlaufstelle war. Niemand hatte dabei eine umfassende Beratung erwartet. Wichtig ist den Stiftern vielmehr, grundlegende Informationen zu erhalten und dann an Experten weiterverwiesen zu werden. Bei dieser Aufgabe hat der Bundesverband eine wichtige Verantwortung, die keine andere Institution wahrnehmen kann.

➡ Immerhin fast ein Drittel der Befragten in der Nacherhebung gab an, dass für sie die Suche nach einem vertrauenswürdigen Treuhänder oder Verwalter ein großes Problem darstellte. Mit der wachsenden Zahl von Verwaltungsangeboten wird der Bedarf an Orientierung weiter steigen. Hier deutet sich ein Informationsbedarf an, der in Zukunft gezielt gedeckt werden muss, etwa durch Angebote wie die Treuhänder-Broschüre der Stiftung stiftungszentrum.info.

Stifter benötigen mehr Informationen über den Sektor

Das ohnehin prekäre Informationsangebot über Stiftungen ist für Stifter, die sich neu mit der Materie beschäftigen, besonders problematisch. Praktisch alle Interviewpartner beklagten, dass sie keine Möglichkeit hatten, vor ihrer eigenen Stiftungsgründung zu prüfen, ob nicht bereits eine andere Stiftung »ihren« Zweck verfolgt. Vielleicht hätten sie sich dieser Stiftung als Zustifter angeschlossen, anstatt eine eigene Stiftung zu gründen; vielleicht hätten sie von den Erfahrungen lernen können; vielleicht hätte man gemeinsame Initiativen starten können. Aufgrund der problematischen Informationslage stehen diese Möglichkeiten, die die Effektivität des Sektors in erheblichem Maße steigern würden, nicht zur Verfügung.

➡ Der Aufbau eines Informationsangebots, das speziell die Bedürfnisse von Stiftern berücksichtigt, ist ein wichtiges Element für die weitere Entwicklung des Stiftungswesens. Sinnvollerweise kann dieses Angebot nur auf der Datenbank des Bundesverbandes Deutscher Stiftungen basieren, die mittelfristig für die besonderen Informationsanforderungen von Stiftern aufbereitet werden sollte.

Was bedeuten die Ergebnisse der Studie für die Berater von Stiftern?

Auch wenn die Studie zeigt, dass Berater im Prozess der Stiftungsgründung oft nur eine eher marginale Rolle spielen, kommt ihnen doch strategisch eine große Bedeutung für die Förderung des Stiftungsgedankens zu: Zum einen sind Finanz-, aber auch Rechts- und Steuerberater in einer vorzüglichen Position, um Kunden auf die Möglichkeit zu stiften aufmerksam zu machen. Zum anderen können Berater, die ihre Erfahrung in den Gründungsprozess einbringen, die Effektivität der Stiftung nachhaltig erhöhen. Dies gilt vor allem für Stiftungsverwalter.

Die überwiegende Zahl der Kunden ist für Informationen über Stiftungen dankbar

Stifter, das zeigt die Studie deutlich, sind äußerst zufrieden mit ihren Stiftungen und empfinden sie als wichtige Bereicherung ihres Lebens. Dies liegt vor allem in der Tatsache begründet, dass Stiftungen sehr flexibel gestaltbar sind, sodass sie den unterschiedlichsten Anforderungen gerecht werden können.

Trotzdem sind viele Berater zurückhaltend, wenn es darum geht, ihre Kunden auf die Möglichkeit zu stiften aufmerksam zu machen. Dies ist ein Befund von Untersuchungen in den USA und Großbritannien, der von der StifterStudie für Deutschland bestätigt wird. Nur jeweils fünf Prozent der befragten Stifter wurden von ihrem Rechtsanwalt bzw. Vermögensberater auf die Stiftung hingewiesen.

➡ Gerade für Vermögens- und Rechtsberater wird das Thema Stiftungen in den nächsten Jahren an Bedeutung gewinnen. Steigende

Selbstverwirklichungsansprüche, die wachsende öffentliche Aufmerksamkeit und die demographische Entwicklung werden dazu führen, dass Stiftungen mittelfristig wichtiger Bestandteil eines anspruchsvollen Beratungsangebotes sein werden. Berater sollten daher das Thema Stiften offen und professionell ansprechen. Die Gefahr, einen Kunden deswegen zu verlieren, ist gering; die Chance, den Kunden mit einer Stiftungsidee zufrieden zu stellen, ist groß und wird immer größer.

Im Mittelpunkt der Gründungsberatung stehen die inhaltlichen Anliegen des Stifters

Die wichtigste Motivation, eine Stiftung zu gründen, ist ein inhaltliches Anliegen: Stifter wollen ein bestimmtes Problem angehen, einer bestimmten Gruppe von Menschen helfen, eine Institution erhalten. Dementsprechend stehen für die meisten Stifter bei der Gründung ihrer Stiftung Fragen der nachhaltigen Zweckverwirklichung im Vordergrund: Wen soll die Stiftung später fördern? Wie weit fasse ich den Zweck? Wer kann meine Stiftung nach meinem Tod weiterführen? Diesen Fragen muss eine Gründungsberatung Rechnung tragen.

- ➡ Die Unterstützung von Stiftern bei der Gründung ihrer Stiftungen muss besonderen Anforderungen gerecht werden. Sie muss von den persönlichen Zielen und Vorstellungen der Stifter ausgehen und zunächst den individuellen Stiftungszweck präzisieren. In einem zweiten Schritt können dann die Strukturen und Strategien entwickelt werden, mit denen das Anliegen des Stifters möglichst effektiv und langfristig verwirklicht werden kann.
- ➡ Eine kompetente Begleitung bei der technischen Umsetzung der Stiftungsidee ist für Stifter selbstverständlich. Rechts-, Steuer- und Vermögensfragen sind zentraler Bestandteil einer guten Beratung – für die meisten Stifter ist eine gute Satzung ebenso wie eine gute Vermögensanlage jedoch nur Mittel zum Zweck.
- ➡ Die Berücksichtigung der Anliegen des Stifters bedeutet nicht, dass der Berater die Vorstellungen vorbehaltlos hinnehmen muss. Im Gegenteil: Die gemeinnützigen Zwecke der Stiftungen erfordern

einen angemessenen Ausgleich zwischen den gesellschaftlichen Anforderungen einerseits und den individuellen Bedürfnissen des Stifters andererseits.

Die Beratung von Stiftern erfordert hohe Professionalität

Viele Stiftungen spielen im Leben ihrer Stifter eine sehr wichtige Rolle; sei es, weil persönliche Lebensträume verwirklicht werden oder sei es, weil die Stiftung die Lösung eines schwierigen Nachfolgeproblems darstellt. Angesichts dieser Bedeutung tragen Berater eine große Verantwortung für die Stiftung und den Stifter.

- ➡ Die Aufgabe von Beratern ist es, den Stifter bei der Umsetzung seines stifterischen Anliegens zu unterstützen. Der Berater darf auf den Stifter weder im eigenen Interesse noch im Interesse von Dritten Einfluss nehmen. Berater müssen jeden Auftrag auf mögliche Interessenkollisionen prüfen und diese dem Stifter gegenüber offen legen.
- ➡ Berater sollten nur dann Aufträge übernehmen, wenn die erforderliche fachliche Eignung, die geeigneten Mitarbeiter und die für eine sorgfältige Bearbeitung notwendige Zeit und erforderlichen Ressourcen zur Verfügung stehen.

Besonders kleinere Stiftungen erfordern eine Balance zwischen Stifterwillen und Gemeinwohlinteresse

Der Trend, dass Stiftungen heutzutage nicht mehr nur Vermögenden vorbehalten sind, ist vorbehaltlos begrüßenswert. Immer mehr Menschen, die nicht zu den Reichen zählen, können ihre Visionen als Stifter verwirklichen. So erfreulich, wie diese Tatsache auch ist – sie bringt Probleme mit sich, die man nicht übersehen sollte. Denn Stiftungen sind nun einmal eine Rechtsform, deren Funktionieren langfristig davon abhängt, dass ein gewisser Kapitalstock vorhanden ist.

Wo dies nicht der Fall ist, wird gemeinnütziges Kapital dauerhaft auf eine Art und Weise gebunden, die weder den Zielen der Stifter noch den Bedürfnissen des Gemeinwohls gerecht wird. Gerade dann, wenn Stifter kleinerer Stiftungen ein geringes Stiftungskapital zu

Lebzeiten durch ihr persönliches Engagement wettmachen, läuft die Stiftung Gefahr, nach dem Tod des Stifters zu verwaisen.

- ➡ Bei der Gründung einer Stiftung mit einem Kapital von weniger als 500 000 Euro sollte grundsätzlich die Rechtsform einer unselbstständigen Stiftung erwogen werden. Diese Rechtsform ist nicht nur schlanker in der Verwaltung, sondern auch flexibler hinsichtlich des Vermögenserhalts.
- ➡ Wird eine Stiftung mit einer geringen Vermögensausstattung gegründet, sollte vor der Gründung geprüft werden, ob eine (testamentarische) Aufstockung geplant ist, durch die die Stiftung dauerhaft aus eigener Kraft funktionsfähig wird. Ist keine Aufstockung geplant, sollten Stifter und Treuhänder/Verwalter eine befriedigende Lösung für die Zeit nach dem Tod des Stifters vereinbaren, indem etwa die Stiftung ihr Kapital aufzehrt oder das Vermögen einer (Dach-)Stiftung zufällt.

Was können die Empfänger von Stiftungsmitteln aus der Studie lernen?

Stifter und Stiftungen spielen in den Finanzplanungen vieler gemeinnütziger Einrichtungen eine immer größere Rolle. Zwar ist die staatliche Unterstützung nach wie vor die wichtigste Finanzquelle, doch die öffentlichen Zuschüsse gehen zurück, sodass sich viele Vereine, Initiativen, Verbände oder Personen nach neuen Geldgebern umsehen und sich an Stiftungen wenden. Aus der Studie ergeben sich mehrere Empfehlungen, wie diese Partnerschaft noch besser gestaltet werden kann.

Ein guter Antrag ist für den Mittelgeber ebenso wichtig wie für den Mittelempfänger

Drei Viertel aller Stifter gründen Stiftungen, die zumindest teilweise fördernd tätig sind. Sie alle stehen vor dem Problem, dass die Stiftung ihre Ziele nur dann erreicht, wenn sie gute Empfänger für ihre Mittel findet. Gleichzeitig sehen sich viele Stifter mit dem Problem konfrontiert, dass sie nicht über die erforderlichen Mittel verfügen, systematisch nach den besten Empfängern zu suchen.

- ➡ Gerade kleinere und mittlere Stiftungen, die nicht so stark in der Öffentlichkeit stehen, sind für gemeinnützige Organisationen eine wichtige Zielgruppe, wenn es darum geht, Mittel zu beantragen. Diese Stiftungen und ihre Stifter sind oft froh über gute Anträge; gerade wenn sie kurz und prägnant sind. Vor einem Antrag sollte man allerdings unbedingt prüfen, ob das beantragte Projekt überhaupt den Zwecken der Stiftung entspricht.

Die Zusammenarbeit mit einem Stifter/einer Stiftung muss aktiv gestaltet werden

Praktisch alle befragten Stifter waren sich einig darin, dass das Wissen, etwas Sinnvolles zu tun, für sie das Wichtigste an der Stiftungsarbeit ist. Dieses Wissen möchten sie bestätigen, indem sie sich aktiv an den Projekten ihrer Stiftung beteiligen und Rückmeldungen über die Wirkung ihrer Mittel einfordern.

- ➡ Gemeinnützige Organisationen haben mitunter die Tendenz, Fördermittel als Selbstverständlichkeit zu betrachten und jede Beteiligung des Gebers als Einmischung abzuwehren. Damit tun sie weder dem Stifter noch sich selbst einen Gefallen. Stifter, die aktiv eingebunden werden, neigen stark dazu, ihr Engagement nicht nur fortzusetzen, sondern auch auszubauen.
- ➡ Viele Stifter verfügen über Ressourcen, die gemeinnützigen Organisationen oft fehlen: Durch eine aktive Einbeziehung bekommen Stifter die Chance, nicht nur ihr Geld, sondern auch kaufmännische Kenntnisse, berufliche Erfahrungen, Kontakte und Netzwerke in die Arbeit einzubringen.

Gemeinnützige Organisationen müssen die Balance zwischen Idealismus und Professionalität finden

Für viele Stifter ist die Kontrolle über die Mittelverwendung wesentlicher Antrieb, eine Stiftung zu gründen. Sie möchten wissen, wer ihr Geld für welche Zwecke verwendet; es kommt ihnen auf konkrete

Resultate an. Gut 40 Prozent der Stifter legen dabei großen Wert darauf, dass die Verwendung ihrer Mittel betriebswirtschaftlichen Ansprüchen gerecht wird.

➡ Viele Stifter begrüßen und bewundern den Idealismus, den Mitarbeiter gemeinnütziger Initiativen in die Arbeit einbringen, aber sie erwarten, dass dieser Idealismus professionell eingesetzt wird. Für die Organisationen bedeutet dies, dass Mittel sparsam und gezielt verwendet werden; dass die Kommunikation verbindlich und schnell ist und dass Einzelaktionen sich in eine langfristige Planung einpassen müssen. Andernfalls wird aus gut gemeint oft das Gegenteil von gut.

Was bedeuten die Ergebnisse der Studie für Fundraiser?

Seitdem die Stiftungssteuerrechtsreform des Jahres 2000 die Zuwendungen an Stiftungen steuerlich stärker privilegiert als Zuwendungen an andere gemeinnützige Rechtsformen, versuchen immer mehr Organisationen, ihre Förderer zu Stiftern zu machen. Anstelle von Fördervereinen rufen gemeinnützige Organisationen und öffentliche Einrichtungen heutzutage Förder-Stiftungen ins Leben und werben gezielt um (Zu-)Stifter. Von diesen Partnerschaften können alle Beteiligten profitieren: Der Stifter weiß sein Geld bei einer Organisation seines Vertrauens gut aufgehoben und genießt die besondern Steuervorteile einer Stiftung; die Organisation sichert sich eine langfristige Finanzquelle.

Lebende Stifter sind die attraktivere Zielgruppe

Die Werbematerialien, mit denen öffentliche und gemeinnützige Einrichtungen um Stifter werben, zielen oft auf testamentarische Stiftungen. Die Studie zeigt allerdings, dass lebende und aktive Stifter die attraktivere Zielgruppe sind: Ihre Zahl ist größer, die Stifter bringen im Laufe der Zeit eher mehr Geld in die Stiftung ein, als diese von Todes wegen erhalten hätte, und sie haben noch andere

Ressourcen außer Geld, die für die Organisation interessant sein könnten: Wissen, Kontakte, Netzwerke.

➡ Ob die Konzentration auf lebende Stifter tatsächlich attraktiver ist, hängt von den Voraussetzungen und Zielen des Einzelfalls ab. Auf jeden Fall aber greift eine Kampagne, die Stiftungen nur als Teil des »Erbschaftsmarketings« versteht, zu kurz. Gemeinnützige Organisationen sollten nicht auf das Testament warten, sondern Förderer früh auf die Möglichkeit zu stiften ansprechen.

Stifter müssen von der Organisation, nicht von der Sache überzeugt werden

Die meisten Stifter haben ihr Thema bereits gefunden, bevor sie ihr Engagement in eine Stiftung umsetzen. Zumindest der große Zweckbereich, der ihnen besonders am Herzen liegt – also etwa Kinder, Umwelt oder Entwicklungshilfe –, steht bei den meisten schon früh fest.

➡ Für das Fundraising bedeutet diese Festlegung, dass Stifter nicht mehr von der Sache überzeugt werden müssen. Ein Stifter, der sich für Kinder einsetzen möchte, wird nicht zum Zustifter einer Theaterstiftung werden. Die Theaterstiftung konkurriert vielmehr mit anderen Kulturstiftungen – sie muss den Stifter nicht von der Sache überzeugen, sondern durch besonders interessante Inhalte und eine besonders kompetente Betreuung.

Stifter wollen Einfluss und Beteiligungsmöglichkeiten

Auch wenn sie sich einer bestehenden Organisation anschließen, möchten Stifter ihre Eigenständigkeit nicht verlieren, sondern ihr Engagement aktiv gestalten. Andernfalls hätten sie der betreffenden Organisation einfach eine Spende zukommen lassen können.

➡ Die Werbung von Stiftern setzt bestimmte Angebote voraus. Die Möglichkeit, die Stiftung mit dem eigenen Namen zu versehen, ist dabei selbstverständlich. Viel wichtiger ist, dass Stifter die Möglichkeit haben möchten, die Verwendung ihrer Mittel zu gestalten. Sie möchten Schwerpunkte setzen, sie erwarten Mitspracherechte, sie möchten in die Auswahl und Durchführung der

Projekte eingebunden sein und über die Aktivitäten ihrer Stiftung informiert werden.

- ➡ Jede einzelne Organisation muss für sich entscheiden, wie weit sie Stiftern und ihren Vorstellungen entgegenkommen kann und will. Die inhaltliche Schwerpunktsetzung eines Stifters kann im Widerspruch zum Auftrag der Organisation stehen, ebenso wie die Service-Erwartungen des Stifters die Kapazität der Organisation übersteigen können. Beide Seiten müssen vor der Partnerschaft für sich prüfen, ob sie langfristig profitieren.

Fundraiser müssen den Vorteil der Organisation gegen den Vorteil des Stifters abwägen

Ein Fundraiser, der im Auftrag einer bestimmten Einrichtung um Stifter wirbt, befindet sich automatisch in einem Interessenkonflikt: Er möchte im Interesse seiner Organisation den Stifter unbedingt gewinnen und muss gleichzeitig die Bedürfnisse des Stifters berücksichtigen.

- ➡ Gerade für Fundraiser gelten die oben genannten Qualitätsanforderungen an Berater in besonderem Maße. Ihr Interessenkonflikt ist so lange unproblematisch, wie er zum einen dem Stifter gegenüber offen gelegt wird und zum anderen nicht zu einer Beratung führt, die den Wünschen des Stifters widerspricht.
- ➡ In den meisten Fällen wird das Beste für die Organisation auch das Beste für den Förderer bzw. Stifter sein. Wo dies nicht der Fall ist, lohnt es sich für die Organisation bestenfalls kurzfristig, den Stifter dennoch an sich zu binden.

Was kann die Politik tun, um Stifter zu unterstützen?

Die Politik hat mit der Reform des Stiftungssteuerrechts bewiesen, dass es ihr mit der Förderung des Stiftungsgedankens ernst ist. Tatsächlich bestätigt die StifterStudie, dass die Reform eine erhebliche Lenkungswirkung entfaltet hat. Mit weiteren Maßnahmen, die den

Bedürfnissen von Stiftern entgegenkommen, wird man zusätzliche Mittel für das Gemeinwohl mobilisieren können.

Die Stifterfreiheit darf nicht eingeschränkt werden – auch nicht nach der Gründung

Die Attraktivität von Stiftungen beruht vor allem darauf, dass Stifter sie auf ihre ganz persönlichen Vorstellungen hin »maßschneidern« können. Dies betrifft natürlich vor allem die Zwecke, aber auch die Regelungen bezüglich der Arbeitsweise, der Stiftungsorgane sowie des Stiftungsvermögens.

➡ Die Freiheit von Stiftern, eine Stiftung zu gründen und ihren Vorstellungen gemäß zu gestalten, darf nicht unnötig eingeschränkt werden. Die Anerkennung einer Stiftung muss klare und für Stifter nachvollziehbare Voraussetzungen haben. Der Vorbehalt der Gemeinwohlgefährdung erfüllt diese Anforderung nicht; schließlich öffnet er den Behörden einen erheblichen Ermessensspielraum bei der Definition des Gemeinwohls. Stiftungen sollte daher nur dann die Anerkennung versagt werden dürfen, wenn ihr Zweck rechtswidrig ist.

➡ In einer Zeit, in der immer mehr Stifter zu Lebzeiten gründen und ihre Stiftung aktiv gestalten möchten, erweist sich die Festlegung des Stifters auf seinen Willen beim Gründungszeitpunkt als zunehmend problematisch. So ist es nur schwer möglich, Lernerfahrungen oder Veränderungen in der persönlichen Lebensplanung in der Stiftung zu berücksichtigen. Sofern der Stifter dies wünscht, sollte er sich in der Satzung das Recht vorbehalten können, die Zwecke seiner Stiftung zu Lebzeiten zu erweitern, die Gremienstruktur zu verändern und den Vermögenserhalt neu zu justieren.

Eine neue Balance zwischen staatlicher und öffentlicher Kontrolle

Die meisten der interviewten Stifter selbstständiger Stiftungen begrüßen die staatliche Aufsicht ausdrücklich. Vor allem für die Zeit nach ihrem Tod bietet die staatliche Stiftungsaufsicht für die Stifter eine zusätzliche Sicherheit, dass die Stiftung weiterhin in ihrem Sinne fortwirkt. Beklagt werden allerdings der oft langwierige Prozess der Anerkennung und die mitunter allzu aufwändigen Berichtspflichten.

➡ Eine einseitige Rücknahme der staatlichen Kontrolle ist weder im Sinne der Stifter wünschenswert noch politisch durchsetzbar. In einer Zeit knapper Mittel müssen alle Empfänger staatlicher Mittel über ihre Aktivitäten Rechenschaft geben, auch wenn sie wie Stiftungen durch Steuerbefreiungen indirekt gefördert werden.

➡ Im Sinne einer modernen Bürgergesellschaft ist allerdings zu prüfen, ob nicht die staatliche Kontrolle zugunsten einer verstärkten Kontrolle durch die Öffentlichkeit zurückgenommen werden sollte. Die Voraussetzung dafür sind strengere Publizitätspflichten, wie sie für viele andere Rechtsformen selbstverständlich sind.

Zuwendungen an gemeinnützige Organisationen müssen steuerlich gleich behandelt werden

Die steuerliche Privilegierung von Stiftungen hat zu einem nachhaltigen Wachstum des Stiftungssektors geführt. Dieses Wachstum ist allerdings ambivalent: Viele der neu gegründeten Stiftungen sind leere Hüllen, die von öffentlichen und gemeinnützigen Einrichtungen in der Hoffnung auf (Zu-)Stifter ins Leben gerufen wurden. Die Lenkungswirkung der Stiftungssteuerrechtsreform hat daher unerwünschte Nebenwirkungen: Die Privilegierung von Stiftungen führt dazu, dass die Rechtsform der Stiftung aus sachfremden – nämlich steuerlichen – Erwägungen gewählt wird, auch wenn dem Zweck mit einer anderen Form besser gedient wäre. So werden Mittel langfristig gebunden, die an anderer Stelle dringend benötigt werden.

➡ Das Vorhandensein möglichst vieler unterschiedlicher Möglichkeiten, sich zu engagieren, ist eine wichtige Voraussetzung für eine lebendige Bürgergesellschaft. Jeder Bürger sollte »seine« ganz individuelle Form des Engagements wählen können. Steuerliche Anreize sollten ein Engagement insgesamt fördern, nicht jedoch bestimmte Zwecke oder Rechtsformen nahe legen. Alle gemeinnützigen Organisationen sollten daher steuerlich auf dem hohen Niveau der Stiftungssteuerrechtsreform gleichberechtigt werden.

Wie können die Medien dazu beitragen, den Stiftungsgedanken zu verbreiten?

Immerhin gut acht Prozent der Stifter wurden durch einen Zeitungs- oder Zeitschriftenbeitrag auf die Idee gebracht, eine Stiftung zu gründen. An dieser Zahl zeigt sich bereits, dass die Medien eine wichtige Rolle bei der Verbreitung des Stiftungsgedankens spielen.

Für die weitere Unterstützung wäre es sicherlich zu einfach, schlicht mehr Berichte über Stiftungen einzufordern. Wichtiger ist vielmehr ein Wandel in der Art und Weise, in der über Stiftungen berichtet wird.

Gerade kleine Stiftungen bieten interessante Geschichten

Während der deutsche Stiftungssektor zum überwiegenden Teil aus relativ kleinen Stiftungen besteht, sind in den Medien vor allem größere Stiftungen präsent, die eine professionelle Öffentlichkeitsarbeit betreiben können.

➡ Die Konzentration der Medien auf große Stiftungen ist bedauerlich, denn gerade kleine Stiftungen mit einem aktiven Stifter bieten oft interessante Geschichten, die für Medien attraktiv sind. Solche Stifter und Stiftungen eignen sich auch viel eher als Vorbilder, die andere zum Nachahmen anregen.

Für eine kritische Berichterstattung zwischen Schönfärberei und Vorurteilen

Die Berichterstattung über Stiftungen schwankt in Deutschland zwischen zwei Polen: Vorbehaltlos positiven Beiträgen über gute und wirkungsvolle Stiftungsprojekte stehen übermäßig negative Berichte gegenüber, die Vorurteile und Sozialneid bedienen.

➡ Das Beispiel der USA zeigt, dass Stiftungen sich durchaus als Gegenstand einer ausgewogenen und gleichzeitig kritischen Berichterstattung eignen: Negative Auswüchse werden klar benannt, ohne Vorurteile zu bedienen; positive Wirkungen werden herausgestellt, ohne in naive Schönfärberei zu verfallen.

Stifter raten Stiftern – Empfehlungen für eine erfolgreiche Stiftungsgründung

Die Erwartungen und die Ziele, die Stifter mit ihren Stiftungen verbinden, sind äußerst unterschiedlich – genauso wie die Stiftungen selbst, die sich hinsichtlich der Zwecke, Vorgehensweisen und Vermögensausstattungen erheblich voneinander unterscheiden. Die Tatsache, dass trotzdem fast alle Stifter zufrieden mit ihrer Stiftung sind, zeigt, wie flexibel diese Rechtsform ist.

Trotz aller Verschiedenheit der Ziele und Zwecke erlaubt die StifterStudie zahlreiche Rückschlüsse auf diejenigen Faktoren, die eine Stiftungsgründung zu einem Erfolg werden lassen. Um die Erfahrungen der befragten Stifter zu bündeln und für zukünftige Stifter nutzbar zu machen, möchten wir im Folgenden einige zentrale Empfehlungen zusammenfassen.

Diese Hinweise beruhen zum einen auf Reflexionen, die die Stifter in den Interviews äußerten, und zum anderen auf den empirischen Ergebnissen der Umfragen. Insbesondere fassen sie die Antworten auf eine offene Frage der Nacherhebung zusammen, in der wir die Stifter gefragt haben, welchen Rat sie persönlich zukünftigen Stiftern mit auf den Weg geben würden. Diese Ratschläge sind im Folgenden zusammengefasst.

Gehen Sie von Ihren ganz persönlichen Zielen und Vorstellungen aus

Zu tun gibt es im sozialen Bereich reichlich, und sicherlich tut Hilfe in bestimmten Bereichen mehr Not als in anderen. Aber ein objektiv »richtiges« Thema für Ihre Stiftung gibt es nicht. Das erste und wichtigste Kriterium für die Auswahl eines Betätigungsfeldes sind Ihre persönlichen Vorstellungen und Anliegen. In einem zweiten Schritt sollten Sie dann prüfen, wo genau Ihr Engagement am meisten bewirken kann, welche anderen Institutionen bereits in dem Feld tätig sind, welche Erfolgsaussichten Ihre Initiative hat. Ein Engagement, das von solchen Fragen ausgeht, wird in der Gesellschaft mehr bewegen und für Sie befriedigender sein.

Gestalten Sie Ihr Engagement aktiv

Ergreifen Sie die Initiative! Wer nur auf Bittbriefe und Anfragen reagiert, für den wird gemeinnütziges Engagement schnell zur leidigen Pflicht. Nehmen Sie Ihre gesellschaftliche Verantwortung stattdessen selbst in die Hand. Eine Stiftung bietet eine ideale Plattform, um Ihren Einsatz für eine gute Sache aktiv zu gestalten. Denn Sie geben die Kontrolle über die Mittel nicht aus der Hand, sondern können selbst entscheiden, wie Ihr Geld verwendet wird.

Setzen Sie sich Ziele für Ihr Engagement

Formulieren Sie konkrete Ziele für Ihr Engagement. Zwar ist Erfolg im gesellschaftlichen und sozialen Bereich mitunter schwer zu messen. Ein guter Maßstab sind aber zunächst einmal Ihre persönlichen Erwartungen und Ziele: Möchten Sie einen bestimmten Missstand kurzfristig beheben, oder kommt es Ihnen darauf an, langfristige Wirkungen zu erzielen? Möchten Sie zum Erhalt einer bestimmten Institution beitragen oder Innovationen und Talente fördern? Wenn Sie sich über Ihre Ziele im Klaren sind, fällt Ihnen die Entscheidung über die Form des Engagements viel leichter.

Denken Sie langfristig

Die Stiftung, die Sie gründen, wird Sie selbst überdauern. Deshalb sollten Sie geeignete Vorkehrungen treffen, damit die Stiftung Ihr Geld auch in 100 Jahren noch sinnvoll einsetzen kann. Zu diesen Vorkehrungen gehört zum einen, dass Sie prüfen sollten, ob Ihr Stiftungszweck hinreichend zeitlos ist. Zur kurzfristigen Bewältigung eines aktuellen Problems ist die Stiftung unter Umständen nicht die geeignete Form. Zum anderen sollten Sie den Zweck der Stiftung in der Satzung so flexibel formulieren, dass zukünftige Vorstände auf aktuelle Entwicklungen angemessen reagieren können.

Stiften Sie mehr als Geld

Viele Organisationen fragen Sie allein um Geld. Kehren Sie die Perspektive um: Was können, was wollen Sie investieren? Geld ist wichtig für gemeinnütziges Engagement. Aber Sie verfügen über Ressourcen, die noch wertvoller sein können: Ihr Wissen und Ihre Erfahrungen, Ihre Kontakte und Netzwerke und vor allem die Zeit, die Sie der Stiftung widmen können. Vielleicht können Sie ja auch Ihren Partner, Ihre Kinder oder Freunde dafür gewinnen, sich an Ihrem Stiftungsprojekt zu beteiligen.

Nutzen Sie die Erfahrungen anderer

Es ist gerade der intelligente Mitteleinsatz, der gezieltes Fördern vom Geldverteilen nach dem Gießkannenprinzip unterscheidet. Viele Betroffene, viele Experten und Praktiker aus anderen Stiftungen, aus der Wissenschaft, aus Behörden oder aus Vereinen werden gerne bereit sein, Ihnen mit inhaltlichen Tipps und Hinweisen weiterzuhelfen. Nutzen Sie diese Angebote, denn damit können Sie vermeiden, das eine oder andere Rad neu zu erfinden.

Beginnen Sie frühzeitig

So, wie Sie auf anderen Feldern aus Erfahrungen lernen, so kann und wird es Ihnen auch mit Ihrem gemeinnützigen Engagement ergehen. Gerade wenn Sie erwägen, eine Stiftung zu gründen, lautet unser Rat: Beginnen Sie so früh wie möglich. Wenn Sie Ihre Stiftung zu Lebzeiten gründen, können Sie die Satzung, die Arbeitsweise oder die Zusammensetzung der Organe verändern, wenn dies nach ersten Erfahrungen als notwendig oder zweckmäßig erscheint.

Gründen Sie in Etappen

Sie können eine Stiftung auch in Etappen gründen: Beginnen Sie mit einem kleinen Grundstockvermögen, das Sie aufstocken können, wenn Sie Freude an der Stiftungsarbeit finden. So können Sie Erfahrungen sammeln, ohne bereits das gesamte für den Stiftungszweck vorgesehene Vermögen übertragen zu müssen.

Nutzen Sie die Vielfalt der Formen, sich zu engagieren

Lassen Sie sich nicht von den verschiedenen Rechtsformen und Gestaltungsmöglichkeiten irritieren. Sobald Sie wissen, wie viele Mittel Sie für welches Ziel einsetzen wollen, ist die Umsetzung Ihrer Vorstellungen in eine Satzung meist relativ unproblematisch. Die verschiedenen Rechtsformen bieten Ihnen dann die Chance, Ihrem Engagement genau das Gewand zu geben, das Ihre Vorstellungen am besten umsetzt.

Prüfen Sie die Möglichkeiten, die Ihnen eine treuhänderische Stiftung bietet

Falls Sie weniger als 500 000 Euro einsetzen möchten, ist die treuhänderische Stiftung das Mittel der Wahl. Diese Rechtsform ist flexibel und erfordert keine eigene Verwaltungsorganisation, sodass die Erträge des Vermögens nicht von den Verwaltungskosten aufgezehrt werden.

Die Zusammenarbeit mit einem Treuhänder gewährleistet, dass Ihre Stiftung auch nach Ihrem Tod weiterhin betreut wird. Eine treuhänderische Stiftung können Sie auch so gestalten, dass das Vermögen im Laufe eines bestimmten Zeitraums ganz für den Zweck verbraucht wird. So können Sie zu Ihren Lebzeiten mehr bewirken und müssen nicht befürchten, dass Ihre Stiftung nach Ihrem Tod »verwaist«.

Nehmen Sie frühzeitig Kontakt zu den Behörden auf

Das Finanzamt und – bei selbstständigen Stiftungen – die Stiftungsaufsicht spielen eine wichtige Rolle bei der Errichtung einer Stiftung und begleiten sie auch nach der Gründung weiter. Um Missverständnisse und langwierige Diskussionen zu vermeiden, sollten Sie möglichst frühzeitig Kontakt mit den Behörden aufnehmen. So können Sie prüfen, ob sich Ihre Vorstellungen wie geplant realisieren lassen. Die Behörden stehen Ihnen mit Informationen und Ratschlägen gerne zur Verfügung.

Stellen Sie langfristig sicher, dass Ihre Stiftung aktiv bleibt

Nach Ihrem Tod führen die Verantwortlichen, die Sie zuvor bestimmt haben, die Stiftung in Ihrem Sinne fort. Bei der Auswahl der Gremienmitglieder sollten Sie nicht nur auf Fachkompetenz und Vertrauenswürdigkeit achten, sondern vor allem darauf, dass die Personen ein eigenes Interesse daran haben, die Stiftung aktiv fortzuführen. So können Sie zum Beispiel Vertreter einer Institution berufen, die selbst förderungsberechtigt ist, oder Sie laden einen Betroffenen ein, Mitglied des Gremiums zu werden. Auf diese Weise können Sie gewährleisten, dass Ihre Stiftung nicht nur verwaltet, sondern gestaltet wird. Bei größeren Stiftungen kommt darüber hinaus auch die Einrichtung eines zweiten Gremiums in Frage, das nach Ihrem Tod den Vorstand berät und kontrolliert.

Nehmen Sie Beratung in Anspruch

Das professionelle Management einer Stiftung erfordert Fachkompetenzen, die nur wenige Stifter von sich aus mitbringen. Bei der Anlage des Vermögens und der Abfassung der Satzung sollten Sie unbedingt in Betracht ziehen, in eine professionelle Beratung zu investieren. Darüber hinaus gibt es verschiedene Dienstleister, die Sie bei der Gründung der Stiftung unterstützen und die Ihnen die Verwaltung abnehmen.

Weitere Informationen und Empfehlungen für die Planung und Gründung Ihrer Stiftung liefern die Bände der Reihe »Ratgeber Stiften«, die im Verlag Bertelsmann Stiftung erscheint.

Adressen von Beratern und Dienstleistern sowie Mustersatzungen und weitere Informationsquellen finden Sie im Internet unter www.ratgeber-stiften.de.

V Anhang

Datenbasis

Als einzige Stiftung in Europa unterhält die Bertelsmann Stiftung eine eigene Abteilung, die es sich zur Aufgabe gemacht hat, den Stiftungsgedanken zu verbreiten und die Arbeit bestehender Stiftungen zu professionalisieren. Im Rahmen dieser Bemühungen hat die Bertelsmann Stiftung im Sommer 2003 unter der Schirmherrschaft von Frau Prof. Dr. Rita Süssmuth das Projekt StifterStudie gestartet.

Die folgenden Abschnitte bieten Ihnen nähere Informationen über die Methoden, mit denen die Daten der Studie erhoben worden sind.

Die Stifter-Interviews

Im Zeitraum zwischen September 2003 und Mai 2004 wurden insgesamt 22 Interviews mit Stiftern geführt, davon vier Interviews mit Stifter-Ehepaaren und ein Interview mit zwei Stiftern, die ihre Stiftung gemeinsam gegründet haben. Bis auf einen Fall, in dem die Stiftung erst von Todes wegen gegründet werden wird, sind alle Interviewpartner Stifter, die selbst eine Stiftung ins Leben gerufen haben.

Die Interviews dienten nicht der Überprüfung, sondern der Entwicklung von Hypothesen. Ziel der Interviews war es daher, möglichst unterschiedliche Perspektiven zu gewinnen. Die Interviews spiegeln deshalb die Erfahrungen verschiedener Typen von Stiftern wider, die sich nach Alter, Geschlecht, Lebenslagen, Vermögen und Motiven unterscheiden. Eine Zusammenstellung von anonymisierten Steckbriefen der interviewten Stifter finden Sie im nächsten Kapitel.

Auch die Stiftungen decken hinsichtlich der Arbeitsweise, des Tätigkeitsbereichs und der Vermögensausstattung eine große Bandbreite ab. In sechs Fällen handelt es sich um treuhänderische Stiftungen mit einem Vermögen von jeweils unter 300 000 Euro; zwei Stiftungen haben die Rechtsform einer gemeinnützigen GmbH; in einem Fall handelt es sich um eine substanzielle Zustiftung zu einer bereits bestehenden Stiftung. Insgesamt fünf Stiftungen verfügen über ein Kapital von jeweils mehr als fünf Millionen Euro.

Hinsichtlich des Zweckes sind acht Stiftungen im Bereich Kinder tätig, je zwei in den Bereichen Entwicklungshilfe, Forschung, Bürgerrechte, Kultur und Umweltschutz. Zwei weitere widmen sich dem Kampf gegen bestimmte Krankheiten und zwei dem Thema Alter und Altern.

Die Gespräche dauerten zwischen 60 und 180 Minuten. Um den Gesprächspartnern Raum für die Darstellung ihrer Erfahrungen und Interpretationen zu geben und gleichzeitig eine gewisse Vergleichbarkeit zu gewährleisten, waren die Gespräche als leitfadenstrukturierte offene Interviews konzipiert. Das Frageprogramm erstreckte sich auf die Themen Motive und Anlässe, Ablauf der Gründung, Struktur und Arbeitsweise der Stiftung, Rolle und Erwartungen des Stifters, familiärer und beruflicher Hintergrund sowie Einstellungen zu Staat und Gesellschaft.

Die Auswertung der Interviews erfolgte über ein inhaltsanalytisches Strukturierungsverfahren, das das Material nach thematischen Gesichtspunkten gliederte. Damit wurde das Material so geordnet, dass die unterschiedlichen Fälle einer vergleichenden Betrachtung zugänglich gemacht wurden, ohne die Darstellung des Einzelfalls zu vernachlässigen.

Die Stifter-Umfrage (Hauptumfrage)

Aufbauend auf den Interviews wurde ein umfangreicher Fragebogen entwickelt, der Fragen zu den Bereichen Motive und Anlässe der Stiftungsgründung, Rolle des Stifters in der Stiftung, Struktur und Tätigkeit der Stiftung sowie zu den Einstellungen zu Wohlstand und Gesellschaft umfasste. Fragen zu Beruf, Vermögen, Bildung und weiteren Merkmalen rundeten den insgesamt zwölfseitigen Bogen ab. Ein Muster des Fragebogens finden Sie im Internet unter www.bertelsmann-stiftung.de/stifterstudie.

Die Konzeption, Durchführung und Auswertung der Umfrage erfolgte in Zusammenarbeit mit dem Berliner Institut für Sozialforschung, das auch an der Entwicklung des Leitfadens für die Stifter-Interviews beteiligt war.

Grundgesamtheit und Ausschöpfungsquote

Die Studie strebte eine Totalbefragung an: Die Grundgesamtheit der Umfrage waren alle Stifter, die seit 1990 eine Stiftung errichtet haben. Das Kriterium der Auswahl war, dass die betreffende Person einen Betrag von mindestens 50 000 Euro dauerhaft einem gemeinnützigen Zweck gewidmet haben musste, und zwar unabhängig von der Rechtsform, sodass im Sample selbstständige und treuhänderische Stiftungen ebenso vertreten sind wie gemeinnützige GmbHs.

Nicht berücksichtigt wurden Zustifter sowie Personen, die sich mit einer kleineren Summe an der Gründung einer Gemeinschaftsstiftung beteiligt haben. Sofern der Stifter der betreffenden Stiftung verstorben oder aus anderen Gründen nicht in der Lage war, den Bogen auszufüllen, haben wir auf eine Beantwortung durch Berater, Familienangehörige oder Gremienmitglieder bewusst verzichtet, um die Daten nicht zu verzerren.

Der Fragebogen wurde im Februar 2004 an alle 1255 Stiftungen versandt, die laut der Datenbank des Bundesverbandes Deutscher Stiftungen den Kriterien der Studie entsprachen: seit 1990 von einer natürlichen Person zu Lebzeiten gegründet. In Zusammenarbeit mit verschiedenen Dienstleistern und Stiftungsverwaltungen wurden darüber hinaus weitere 92 Stifter identifiziert, die nicht in der Datenbank enthalten waren.

Sofern ein Stifterpaar eine Stiftung gemeinsam ins Leben gerufen hatte (319 Fälle), wurden diesem zwei Fragebögen zugestellt, um beiden Stiftern die Möglichkeit zu geben, ihre Beweggründe zu erläutern.

Insgesamt wurden so 1666 Fragebögen versandt, von denen 861 direkt an die Stifter verschickt wurden, während 805 mit der Bitte um Weitergabe an Verwalter, Banken, Kommunen, Gremienmitglieder oder Geschäftsführer adressiert waren.

270 Empfänger waren in der Zwischenzeit verstorben, 36 entsprachen nicht den Auswahlkriterien der Studie, sodass sich die Grundgesamtheit der Stifter auf 1360 beläuft. Von diesen 1360 haben 629 an der Umfrage teilgenommen, was einem Rücklauf von 46 Prozent entspricht.

Den 629 Teilnehmern stehen 731 Fälle gegenüber, die zur Grundgesamtheit gehören, aber nicht an der Studie teilgenommen haben. Von diesen so genannten systematischen Ausfällen gehen 168 auf Verweigerungen durch den Stifter selbst zurück; in 93 Fällen zog es der Verwalter vor, den Bogen nicht weiterzuleiten. 26 Fragebögen erwiesen sich als nicht verwertbar, entweder weil sie von zwei Personen gleichzeitig oder aber erkennbar durch einen Verwalter oder Angehörigen des Stifters ausgefüllt worden waren. Ein erheblicher Anteil der Angeschriebenen (239 Fälle) reagierte weder auf das Anschreiben noch auf die Nachfass-Aktionen (s. u.); in 205 Fällen erwies sich die Adresse als falsch, sodass gar kein Kontakt zustande kam. Diese Fälle wurden als systematische Ausfälle behandelt, obwohl zu vermuten ist, dass ein großer Teil dieser Stifter inzwischen verstorben ist und daher nicht mehr zur Grundgesamtheit zählt.

Um die Ausschöpfungsquote zu erhöhen, wurde telefonisch nachgefasst. Ein Nachversand von Fragebögen an diejenigen Stifter, von denen weder eine schriftliche noch eine telefonische Rückmeldung vorlag, erfolgte im März 2004.

Die Stiftungen im Sample

Unter den 629 Stiftern, deren Fragebögen die Datenbasis der Studie darstellen, befinden sich 53 Stifterpaare, sodass die Studie Aussagen von 629 Stiftern über 576 Stiftungen enthält. Soweit sich die Fragen auf Motive und persönliche Einschätzungen beziehen, wurden immer alle 629 Stifter als Grundgesamtheit der Auswertung herangezogen; wo die Fragen Auskünfte über die Stiftungen betreffen, wurde die Grundgesamtheit um jeweils einen Partner der Paare auf 576 Datensätze bereinigt.

Unter den 576 Stiftungen im Sample sind 488 selbstständige Stiftungen, 72 unselbstständige Stiftungen sowie vier Stiftungs-GmbHs und eine Stiftung, e.V. Für elf Stiftungen liegen keine Angaben vor.

Die Gründungsjahre der Stiftungen im Sample verteilen sich wie in Abbildung 32 aufgeschlüsselt.

Abbildung 32: Gründungsjahre der Stiftungen

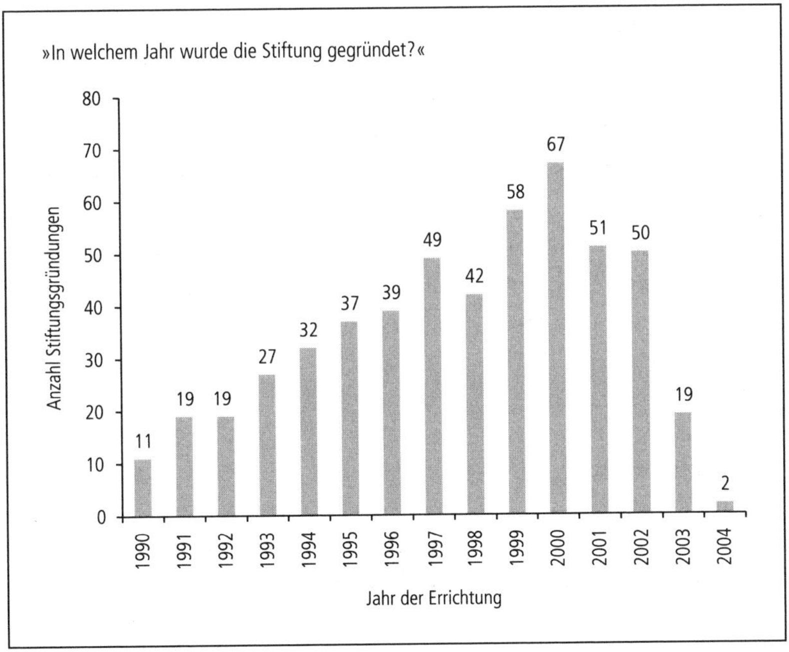

n = 522 (Daten um Paare bereinigt)
Quelle: Hauptumfrage StifterStudie

Aussagefähigkeit des Samples

Da neben der umfangreichen Datenbank des Bundesverbandes Deutscher Stiftungen noch zusätzliche Recherchen angestellt wurden, um Stifter zu identifizieren, die nicht in der Datenbank erfasst sind, kann die Studie beanspruchen, tatsächlich alle Stifter seit 1990 berücksichtigt zu haben. Eine Rücklaufquote von 46 Prozent sichert den Ergebnissen der Studie eine hohe Aussagekraft.

Um die Aussagekraft der Daten weiter zu erhöhen, wurden einzelne Ergebnisse der Studie stichprobenartig mit dem Gesamtdatensatz der Stiftungen, die seit 1990 von einer natürlichen Person gegründet worden sind, abgeglichen. Da die Datenbank des Bundesverbandes die Namen der Stifter aufführt, war es möglich, die Repräsentativität verschiedener Einzelergebnisse zu überprüfen. Namentlich handelt es sich dabei um die Ergebnisse zum Geschlecht der Stifter, zum Stifterkreis (Einzelperson, Ehepaar, Familie) sowie zum Namen der Stiftung und seiner Übereinstimmung mit dem Namen des Stifters. Der Wohnort konnte angesichts des hohen Anteils von Verwaltern und anderen Personen, die als Kontaktadresse fungieren, nicht in die Überprüfung einbezogen werden.

Soweit die Daten vorlagen, entsprechen sowohl die Verteilung der Geschlechter als auch die Stifterkreise weitgehend der Verteilung in der Studie. Auch hinsichtlich der Frage, ob die Stiftung den Namen des Stifters trägt, bestätigen die Gesamtdaten des Bundesverbandes den Anteil von etwa 60 Prozent Namensstiftungen im Sample der StifterStudie.

Die Nacherhebung

Im Juli 2004 erhielten alle 629 Teilnehmer der ersten Befragung als Dank und Rückmeldung eine vorläufige Dokumentation der Studie. Die Stifter hatten darüber hinaus die Möglichkeit, uns zu signalisieren, ob sie für weitere Auskünfte zur Verfügung stehen wollten. Unter denjenigen 248 Stiftern, die das taten, wurde im Oktober 2004 eine vertiefende Umfrage (Nacherhebung) durchgeführt. In diesem Fall wurde pro Stiftung jeweils nur ein Bogen versandt.

Diese Umfrage, an der dann insgesamt 179 Stifter teilnahmen, konzentrierte sich vor allem auf die praktischen Herausforderungen bei der Gründung und Führung von Stiftungen. Auch den Fragebogen dieser Erhebung können Sie unter www.bertelsmann-stiftung.de/stifterstudie einsehen.

Um die Vergleichbarkeit des Samples der Nacherhebung mit der Hauptumfrage beurteilen zu können, wurden die Stifter erneut um einige Rahmendaten zu ihren Stiftungen gebeten. Hinsichtlich der Mitarbeiterzahlen (haupt- und ehrenamtlich) und der Arbeitsweise (fördernd, operativ, Trägerschaft) entsprechen 179 Stiftungen der Nacherhebung weitgehend der Verteilung der Hauptumfrage. Anstelle der Vermögensausstattung wurde in dieser Umfrage das durchschnittliche Jahresbudget erfragt, das sich folgendermaßen verteilt.

Tabelle 5: Jahresbudget der Stiftungen aus der Nacherhebung

Wie hoch ist das durchschnittliche Jahresbudget Ihrer Stiftung?	in Prozent
unter 10 000 Euro	36
10 000 bis unter 50 000 Euro	35
50 000 bis unter 250 000 Euro	22
250 000 Euro und mehr	7

n = 179
Quelle: Bertelsmann Stiftung, Nacherhebung StifterStudie

Die Bevölkerungsumfrage

Um die Aussagen der Stifter mit der in der Öffentlichkeit herrschenden Meinung über Stifter und Stiftungen in Beziehung setzen zu können, wurde im September 2004 eine bevölkerungsrepräsentative Umfrage gestartet.

Im Rahmen einer Mehrthemenbefragung hat das Meinungsforschungsinstitut TNS Emnid im September 2004 insgesamt 1007 Bundesbürger telefonisch zu ihren Kenntnissen und Einstellungen zu Stiftern und Stiftungen befragt. Das Sample bestand aus einer repräsentativen Zufallsstichprobe von Personen ab 14 Jahren. Neben den stiftungsbezogenen Fragen wurden soziodemographische Daten erhoben.

Das Frageprogramm umfasste zum einen Fragen zur Bekanntheit von Stiftungen und erfragte zum anderen Einstellungen gegenüber Stiftungen und Stiftern sowie zu Wohlstand und gemeinnützigem Engagement. Alle Fragen, die auf Einstellungen zielen, sind dem Fragebogen der Hauptumfrage entnommen und identisch skaliert worden. Damit wurde eine Vergleichbarkeit gewährleistet, die die Grundlage für den Selbstbild-Fremdbild-Vergleich von Stiftern darstellt.

Die Unterstützung von Anja Hülskötter und Gabriele Störmann war nicht nur bei der Konzeption und Durchführung der Umfragen unverzichtbar, sondern auch bei der Abfassung der Studie, die ohne ihre Mitwirkung so nicht möglich gewesen wäre.

Die Interviewpartner

Stifter A
66 Jahre, Rechtsanwalt, ledig, keine Kinder

Stifter B
37 Jahre, Erbe, ledig, keine Kinder

Stifterpaar C
53 Jahre, Malerin, 57 Jahre, Rechtsanwalt, verheiratet, drei Kinder

Stifterin D
66 Jahre, Psychotherapeutin, ledig, keine Kinder

Stifter E und Stifter F (gemeinsame Stiftungsgründung)
78 Jahre, Kaufmann, ledig, keine Kinder
71 Jahre, Industriekaufmann, verheiratet, keine Kinder

Stifterin G
56, Selbstständige, verheiratet, drei Kinder

Stifterin H
48 Jahre, kaufmännische Angestellte, verwitwet, keine Kinder

Stifterpaar I
65 Jahre, Redakteurin, 69 Jahre, Fernsehproduzent, verheiratet, 4 Kinder

Stifterin J
45 Jahre, Unternehmerin, verheiratet, zwei Kinder

Stifter K
66 Jahre, Unternehmer, verheiratet, fünf Kinder

Stifterin L
79 Jahre, Beamtin a. D., ledig, keine Kinder

Stifterpaar M
63 Jahre, 74 Jahre, Unternehmer, verheiratet, zwei Kinder

Stifterin N
63 Jahre, Unternehmerin, verheiratet, drei Kinder

Stifter O
54 Jahre, Unternehmer, verheiratet, drei Kinder

Stifter P
64 Jahre, Professor, verheiratet, zwei Kinder

Stifterin R
44 Jahre, Tierärztin/Sportlerin, verheiratet, zwei Kinder

Stifterpaar S
50 Jahre, Architektin, 61 Jahre Architekt/Unternehmer, verheiratet, ein Kind

Stifter T
66 Jahre, Unternehmer, verheiratet, zwei Kinder

Stifter U
35 Jahre, Privatier, verheiratet, keine Kinder

Stifter V
36 Jahre, Unternehmer/Sportler, ledig, ein Kind

Stifter W
69 Jahre, Pensionär, verheiratet, zwei Kinder

Stifter Z
77 Jahre, Unternehmer, verheiratet, zwei Kinder

Der Autor

Dr. Karsten Timmer ist als Projektleiter im Bereich Stiftungsentwicklung der Bertelsmann Stiftung verantwortlich für die StifterStudie. Er ist Mitautor der Reihe »Ratgeber Stiften« und berät Stifter bei der Gründung und Führung von Stiftungen.

karsten.timmer@bertelsmann.de
Tel.: 05241/ 81 81 390

Literaturverzeichnis

Internationale Untersuchungen über Stifter

Bezüglich internationaler Untersuchungen zu Stiftungen und Stiftern ist zu beachten, dass in angloamerikanischen Ländern die Trennung zwischen Stifter und Spender nicht so strikt ist wie in Deutschland. Die Untersuchungen zu den Motiven und Erfahrungen von »Donors« beziehen sich daher zumeist auf (Groß-)Spender und können nur bedingt als Vergleichsebene für die StifterStudie herangezogen werden.

Gersick, Kelin E.: *Generations of Giving. Leadership and Continuity in Family Foundations,* Lexington 2004.
Lloyd, Theresa: *Why rich people give,* London 2004.
National Center for Family Philanthropy: »Passages. The Donor Advisor. The Critical Role of the Advisor in Family Philanthropy«. www.ncfp.org/publications-passages.html.
Ostrower, Francie: *Why the Wealthy give. The Culture of Elite Philanthropy,* Princeton 1997.
Price, Russ Alan/Maru, Karen: *The Seven Faces of Philanthropy. New Approaches to Cultivating Major Donors,* San Francisco 1994.
Schervish, Paul: *Extended Report of the Wealth with Responsibility Study 2000,* Boston, 2001.

Untersuchungen über Stifter und Stiftungen in Deutschland

Anheier, Helmut/Appel, Anja: »Stiftungen in der Bürgergesellschaft: Möglichkeiten und Grenzen«, in: *Aus Politik und Zeitgeschichte,* B 14/2004, S. 8–15.
Bund-Länder-Arbeitsgruppe Stiftungsrecht: Bericht vom 19. Oktober 2001.
Bundesverband Deutscher Stiftungen (Hrsg.): *Zahlen, Daten, Fakten zum deutschen Stiftungswesen,* 3. Auflage, Berlin 2001.

Fest, Joachim (Hrsg.): *Die großen Stifter. Lebensbilder – Zeitenbilder,* Berlin 1997.

Meyer, Petra/Meyn, Christian/Timmer, Karsten (Hrsg.): *Ratgeber Stiften. Bd. 1: Planen – Gründen – Recht und Steuern,* Gütersloh 2003.

Prewitt, Kenneth: »The Importance of Foundations in an Open Society«, in: Bertelsmann Stiftung (Hrsg.): *The Future of Foundations in an Open Society,* Gütersloh 1999, S. 17–29.

Sigmund, Steffen: »Grenzgänge: Stiften zwischen zivilgesellschaftlichem Engagement und symbolischer Anerkennung«, in: *Berliner Journal für Soziologie* 2000, S. 333–348.

Zentralinstitut für kirchliche Stiftungen (zks): *Gemeinnützige Stiftungen. Kenntnisse – Einstellungen – Bewertungen. Ergebnisse einer Repräsentativerhebung,* Mainz/Wiesbaden 2000.

Vergleichsstudien zu Spenden, ehrenamtlichem Engagement und Reichtum in Deutschland

Allgemeine Bevölkerungsumfrage der Sozialwissenschaften ALLBUS 2002, ZA-Studien-Nr. 3700 von CD-ROM.

Cap Gemini Ernst & Young/Merrill Lynch: *German Wealth Report 2000* (PDF-Dokument)

datamonitor: *Wealth Management in Germany 2004. Approaching a Watershed,* London 2004.

TNS-Emnid: Spendenmonitor 1998 und 2001. (Die Daten sind auszugsweise auf der Internetseite des Deutschen Fundraising Verbandes e.V. unter www.sozialmarketing.de/statistiken.29.0.html veröffentlicht.)

Rosenbladt, Bernhart von: *Freiwilligensurvey 1999. Ergebnisse der Repräsentativerhebung 1999 zu Ehrenamt, Freiwilligenarbeit und bürgerschaftlichem Engagement, Bd. 1: Freiwilliges Engagement in Deutschland. Gesamtbericht,* hrsg. von Bernhart von Rosenbladt. Schriftenreihe des Bundesministerium für Familie, Senioren, Frauen und Jugend 194.1, Berlin u. a. 2000.